中国铁建股份有限公司企业标准

# 中低速磁浮交通车辆检修规程

Inspection and Maintenance Regulations for Medium and Low Speed Maglev Transportation Vehicle

Q/CRCC 33804—2019

主编单位：中铁磁浮交通投资建设有限公司
批准单位：中国铁建股份有限公司
施行日期：2020 年 5 月 1 日

人民交通出版社股份有限公司
2019·北京

## 图书在版编目（CIP）数据

中低速磁浮交通车辆检修规程／中铁磁浮交通投资建设有限公司主编．— 北京：人民交通出版社股份有限公司，2019.12

ISBN 978-7-114-15868-1

Ⅰ.①中… Ⅱ.①中… Ⅲ.①磁悬浮列车—车辆检修—技术操作规程 Ⅳ.①U292.91-65

中国版本图书馆 CIP 数据核字（2019）第 221374 号

标准类型：中国铁建股份有限公司企业标准
标准名称：中低速磁浮交通车辆检修规程
标准编号：Q/CRCC 33804—2019
主编单位：中铁磁浮交通投资建设有限公司
责任编辑：曲　乐　谢海龙
责任校对：赵媛媛
责任印制：张　凯
出版发行：人民交通出版社股份有限公司
地　　址：(100011) 北京市朝阳区安定门外外馆斜街 3 号
网　　址：http://www.ccpress.com.cn
销售电话：(010) 59757973
总 经 销：人民交通出版社股份有限公司发行部
经　　销：各地新华书店
印　　刷：北京鑫正大印刷有限公司
开　　本：880×1230　1/16
印　　张：5
字　　数：87 千
版　　次：2019 年 12 月　第 1 版
印　　次：2019 年 12 月　第 1 次印刷
书　　号：ISBN 978-7-114-15868-1
定　　价：36.00 元

（有印刷、装订质量问题的图书由本公司负责调换）

# 序　一

2016年5月6日，由中国铁建独家承建的我国首条中低速磁浮商业运营线——长沙磁浮快线开通试运营。长沙磁浮快线是世界上最长的中低速磁浮线，是我国磁浮技术工程化、产业化的重大自主创新项目，荣获我国土木工程领域工程建设项目科技创新的最高荣誉——中国土木工程詹天佑奖。长沙磁浮快线是中国铁建独创性采用"投融资+设计施工总承包+采购+研发+制造+联调联试+运营维护+后续综合开发"模式的建设项目，其建成标志着我国在中低速磁浮工程化应用领域走在了世界前列，也标志着中国铁建成为中低速磁浮交通的领跑者和代言人。

我国已进入全面建成小康社会的决定性阶段，正处于城镇化深入发展的关键时期，亟待解决经济发展、城市交通、能源资源和生态环境等问题，而中低速磁浮交通具有振动噪声小、爬坡能力强、转弯半径小等优势，业已成为市内中低运量轨道交通、市郊线路和机场线、旅游专线等的有力竞争者。以中低速磁浮交通为代表的新型轨道交通是中国铁建战略规划"7+1"产业构成中新兴产业、新兴业务重点布局新兴领域之一，也是中国铁建产业转型升级、打造"品质铁建"、实现高质量发展的切入点之一。2018年4月，中国铁建开展了中低速磁浮标准体系建设工作，该体系由15项技术标准组成，包括1项基础标准、9项通用标准和5项专用标准，涵盖勘察、测量、设计、施工、验收、运营和维护全过程、全领域；系列标准立足总结经验、标准先行、补齐短板、填补空白，立足系统完备、科学规范、国内一流、国际领先，立足推进磁浮交通技术升级、交通产业发展升级和人民生活品质提升。中低速磁浮系列标准的出版，必将为中国铁建新型轨道交通发展提供科技支撑力并提升中国铁建核心竞争力。

希望系统内各单位以中低速磁浮系列标准出版为契机，进一步提升新兴领域开拓战略高度，强化新兴业务专有技术培育，加快新兴产业标准体系建设，以为政府和业主提供综合集成服务方案为托手，以"旅游规划、基础配套、产业开发、交通工程勘察设计、投融资、建设、运营"一体化为指导，全面推动磁浮、单轨、智轨等新型轨道交通发展，为打造"品质铁建"做出新的更大贡献！

董事长：　　　　　　　　　总裁：

中国铁建股份有限公司
2019年12月

# 序 二

建设更安全可靠、更节能环保、更快捷舒适的轨道交通运输系统，一直都是人类追求的理想和目标。为此，我国自20世纪80年代以来积极倡导、投入开展中低速常导磁浮列车技术的研究。通过对国外先进技术的引进、消化、吸收以及自主创新，利用高校、科研院所及设计院等企业的协调合作，我国逐步研发了各种常导磁浮试验模型车，建设了多条厂内磁浮列车试验线，实现了载人运行试验，标志着我国在中低速常导磁浮列车领域的研究已跨入世界先进国家的行列，并从基础性技术研究迈向磁浮产业化。

国内首条中低速磁浮商业运营线——长沙磁浮快线于2014年5月开建，开启了国内中低速磁浮交通系统从试验研究到工程化、产业化的首次尝试，实现了国内自主设计、自主制造、自主施工、自主管理的中低速磁浮商业运营线零的突破。建成通车时，我倍感欣慰，不仅是因为我的团队参与了建设，做出了贡献，更因为中低速磁浮交通走进了大众的生活，让市民感受到了磁浮的魅力，让国人的磁浮梦扬帆起航。

在我国磁浮技术快速发展的基础上，中国工程院持续支持了中低速磁浮、高速磁浮、超高速磁浮发展与战略研究三个重点咨询课题。三个课题详细总结了我国磁浮交通的发展现状、发展背景，给出了我国磁浮交通的发展优势、发展路径、发展战略等建议。同时，四年前，在我国已掌握了中低速磁浮交通的核心技术、特殊技术、试验验证技术和系统集成技术，并且具备了磁浮列车系统集成、轨道制造、牵引与供电系统装备制造、通信信号系统装备制造和工程建设的能力的大背景下，我联合多名中国科学院院士、中国工程院院士、大学教授署名了一份《关于加快中低速磁浮交通推广应用的建议》，希望中低速磁浮交通上升为国家战略新兴产业。

两年前，国内首条旅游专线——清远磁浮旅游专线获批开建，再次推动了中低速磁浮交通的产业化发展，拓展了其在旅游交通领域的应用。

现在，我欣慰地看到，第一批中国铁建中低速磁浮工程建设企业标准已完成编制，内容涵盖了工程勘察、设计、施工、验收建设全过程以及试运营、运营、检修维护全领域，结构合理、内容完整，体现了中低速磁浮交通标准体系的系统性和完整性，体现更严、更深、更细的企业技术标准要求。一系列标准的发布，凝聚了众多磁浮人的智慧结晶，对推动我国中低速磁浮交通事业的发展、实现"交通强国"具有重要的意义。

磁浮交通一直在路上、在奔跑，具有绿色环保、安全性高、舒适性好、爬坡能力强、转弯半径小、建设成本低、运营维护成本低等优点，拥有完全自主知识产权的中低速磁浮交通也是未来绿色轨道交通的重要形式。磁浮人应以国际化为目标，以产业化为支撑，以市场化为指导，以工程化为载体，实现我国磁浮技术的发展和应用。

作为磁浮交通科研工作者中的一员，我始终坚信磁浮交通有着广阔的发展前景，也必将成为我国轨道交通事业的"国家新名片"。

中国工程院院士：

2019 年 11 月

# 中国铁建股份有限公司文件

中国铁建科技〔2019〕165 号

## 关于发布《中低速磁浮交通术语标准》等 15 项中国铁建企业技术标准的通知

各区域总部，所属各单位：

现批准发布《中低速磁浮交通术语标准》（Q/CRCC 31801—2019）、《中低速磁浮交通岩土工程勘察规范》（Q/CRCC 32801—2019）、《中低速磁浮交通工程测量规范》（Q/CRCC 32802—2019）、《中低速磁浮交通设计规范》（Q/CRCC 32803—2019）、《中低速磁浮交通信号系统技术规范》（Q/CRCC 33802—2019）、《中低速磁浮交通供电系统技术规范》（Q/CRCC 33803—2019）、《中低速磁浮交通接触轨系统技术标准》（Q/CRCC 33805—2019）、《中低速磁浮交通车辆基地设计规范》（Q/CRCC 33806—2019）、《中低速磁浮交通土建工程施工技术规范》（Q/CRCC 32804—2019）、《中低速磁浮交通机电工程施工技术规范》（Q/CRCC 32805—2019）、《中低速磁浮交通工程施工质量验收标准》（Q/CRCC 32806—2019）、《中低速磁浮交通试运营基本条件》（Q/CRCC 32807—2019）、《中低速磁浮交通车辆检修规程》（Q/CRCC 33804—2019）、《中低速磁浮交通运营管理规范》（Q/CRCC 32809—2019）和《中低速磁浮交通维护规范》（Q/CRCC 32808—2019），自 2020 年 5 月 1 日起实施。

15 项标准由人民交通出版社股份有限公司出版发行。

中国铁建股份有限公司
2019 年 11 月 18 日

中国铁建股份有限公司办公厅　　　　　　　　　　2019 年 11 月 18 日印发

# 前 言

本规程是根据中国铁建股份有限公司《关于下达中国铁建中低速磁浮工程建设标准编制计划的通知》（中国铁建科设〔2018〕53 号）的要求，由中铁磁浮交通投资建设有限公司会同有关单位编制完成。

本规程编制过程中，编制组进行了深入调查研究，认真总结实践经验，广泛征求有关单位和专家意见，并与相关标准进行了协调，经反复讨论、修改，由中国铁建股份有限公司科技创新部审查定稿。

本规程共分 8 章，主要技术内容包括：1 范围；2 规范性引用文件；3 术语；4 总体要求；5 日检；6 双周检；7 三月检；8 定修。

本规程由中国铁建股份有限公司科技创新部负责管理，由中铁磁浮交通投资建设有限公司负责具体技术内容的解释。在执行过程中，各单位可结合工程建设实践，认真总结经验，如有意见或者建议，请寄送中铁磁浮交通投资建设有限公司《中低速磁浮交通车辆检修规程》管理组（地址：湖北省武汉市武昌区紫阳路 195 号 17 楼，邮编：430060，电子邮箱：crmtbz@163.com），以供今后修订时参考。

主 编 单 位：中铁磁浮交通投资建设有限公司
参 编 单 位：中铁第四勘察设计院集团有限公司
主要起草人员：谢海林　鄢巨平　宗凌潇　李经伟　张家炳　别碧勇　刘武斌
　　　　　　　章　致　李伟强　李加祺　刘高坤

主要审查人员：潘百舸　黄海涛　李锐爽　梁世宽　张立青　王永刚　谷建辉
　　　　　　　胡华斌　涂振华　熊哲辉　张记清　郑　武　熊光华　张　琨
　　　　　　　马卫华

# 目 次

1 范围 ································································································ 1
2 规范性引用文件 ················································································ 2
3 术语 ································································································ 3
4 总体要求 ························································································· 6
5 日检 ································································································ 8
   5.1 一般要求 ····················································································· 8
   5.2 司机室 ························································································ 8
   5.3 车体与客室 ·················································································· 9
   5.4 走行机构 ··················································································· 10
   5.5 受流系统 ··················································································· 12
   5.6 车辆各电器箱及管线 ···································································· 13
   5.7 车钩缓冲装置 ············································································· 13
   5.8 制动与供风系统 ·········································································· 14
   5.9 列车有电功能检查 ······································································· 14
6 双周检 ···························································································· 16
   6.1 一般要求 ··················································································· 16
   6.2 空调 ························································································· 16
   6.3 司机室 ······················································································ 16
   6.4 车体与客室 ················································································ 18
   6.5 走行机构 ··················································································· 20
   6.6 受流系统 ··················································································· 21
   6.7 车辆各电器箱及管线 ···································································· 21
   6.8 车钩缓冲装置 ············································································· 23
   6.9 制动与供风系统 ·········································································· 23
   6.10 列车有电功能检查 ····································································· 24
7 三月检 ···························································································· 26
   7.1 一般要求 ··················································································· 26
   7.2 空调 ························································································· 26
   7.3 司机室 ······················································································ 27

| | | |
|---|---|---|
| 7.4 | 车体及客室 | 29 |
| 7.5 | 走行机构 | 32 |
| 7.6 | 受流系统 | 33 |
| 7.7 | 车辆各电器箱及管线 | 34 |
| 7.8 | 车钩缓冲系统 | 37 |
| 7.9 | 制动与供风系统 | 38 |
| 7.10 | 列车有电功能检查 | 38 |

**8 定修** ······ 41

| | | |
|---|---|---|
| 8.1 | 一般要求 | 41 |
| 8.2 | 空调 | 41 |
| 8.3 | 司机室 | 43 |
| 8.4 | 车体及客室 | 45 |
| 8.5 | 走行机构 | 50 |
| 8.6 | 受流系统 | 53 |
| 8.7 | 车辆各电器箱及管线 | 53 |
| 8.8 | 车钩缓冲系统 | 57 |
| 8.9 | 制动与供风系统 | 59 |
| 8.10 | 列车有电功能检查 | 60 |

# Contents

1 **Scope** ································································································ 1
2 **List of Quoted Standards** ································································ 2
3 **Terms** ································································································ 3
4 **General Provisions** ·········································································· 6
5 **Daily Inspection** ··············································································· 8
    5.1   General Requirements ······························································· 8
    5.2   Driver's Room ············································································ 8
    5.3   Carbody and Guest Room ·························································· 9
    5.4   Running Mechanism ································································· 10
    5.5   Current Receiving System ························································ 12
    5.6   Electrical Cabinet and Pipelines of Vehicles ····························· 13
    5.7   Coupler System ······································································· 13
    5.8   Brake and Air Supplying System ············································· 14
    5.9   Electric Function Inspection of Vehicles ·································· 14
6 **Biweekly Inspection** ········································································ 16
    6.1   General Requirements ······························································ 16
    6.2   Air-Conditioning ······································································ 16
    6.3   Driver's Room ·········································································· 16
    6.4   Carbody and Guest Room ························································ 18
    6.5   Running Mechanism ································································· 20
    6.6   Current Receiving System ························································ 21
    6.7   Electrical Cabinet and Pipelines of Vehicles ····························· 21
    6.8   Coupler System ······································································· 23
    6.9   Brake and Air Supplying System ············································· 23
    6.10  Electric Function Inspection of Vehicles ································ 24
7 **Trimonthly Inspection** ···································································· 26
    7.1   General Requirements ······························································ 26
    7.2   Air-Conditioning ······································································ 26
    7.3   Driver's Room ·········································································· 27

| | | |
|---|---|---|
| 7.4 | Carbody and Guest Room | 29 |
| 7.5 | Running Mechanism | 32 |
| 7.6 | Current Receiving System | 33 |
| 7.7 | Electrical Cabinet and Pipelines of Vehicles | 34 |
| 7.8 | Coupler System | 37 |
| 7.9 | Brake and Air Supplying System | 38 |
| 7.10 | Electric Function Inspection of Vehicles | 38 |

# 8 Scheduled Repair ... 41

| | | |
|---|---|---|
| 8.1 | General Requirements | 41 |
| 8.2 | Air-Conditioning | 41 |
| 8.3 | Driver's Room | 43 |
| 8.4 | Carbody and Guest Room | 45 |
| 8.5 | Running Mechanism | 50 |
| 8.6 | Current Receiving System | 53 |
| 8.7 | Electrical Cabinet and Pipelines of Vehicles | 53 |
| 8.8 | Coupler System | 57 |
| 8.9 | Brake and Air Supplying System | 59 |
| 8.10 | Electric Function Inspection of Vehicles | 60 |

# 1 范围

**1.0.1** 本规程规定了中低速磁浮交通车辆日检、双周检、三月检、定修的作业要求。

**1.0.2** 本规程适用于最高运行速度不超过 120km/h 中低速磁浮交通车辆的维护检修。

## 2 规范性引用文件

下列文件中的条款通过本标准的引用而成为本标准的条款。其中，注日期的引用文件，仅注日期的版本适用于本标准；不注日期的引用文件，其最新版本及所有的修改单适用于本标准。

《地铁设计规范》（GB 50157）
《城市轨道交通工程基本术语标准》（GB/T 50833）
《铁路工程基本术语标准》（GB/T 50262）
《城市轨道交通运营管理规范》（GB/T 30012）
《城市轨道交通试运营基本条件》（GB/T 30013）
《中低速磁浮交通运行控制技术规范》（CJJ/T 255）
《中低速磁浮交通供电技术规范》（CJJ/T 256）
《中低速磁浮交通设计规范》（CJJ/T 262）
《中低速磁浮交通车辆通用技术条件》（CJ/T 375）
《中低速磁浮交通车辆电气系统技术条件》（CJ/T 411）
《中低速磁浮交通道岔系统设备技术条件》（CJ/T 412）
《中低速磁浮交通轨排通用技术条件》（CJ/T 413）
《中低速磁浮交通车辆悬浮控制系统技术条件》（CJ/T 458）

# 3 术语

**3.0.1** 中低速磁浮交通车辆 medium and low speed maglev vehicle

采用常导电磁悬浮技术实现悬浮导向，通过直线感应电机实现牵引和电制动的轨道交通车辆。

**3.0.2** 电磁悬浮 electromagnetic levitation

利用可控电磁吸力使车辆与轨道表面保持非接触状态的悬浮技术。

**3.0.3** 悬浮架 levitation bogie

支撑车体并传递悬浮、导向、牵引与制动力的机械结构装置，具有机械解耦适应轨道曲线与不平顺公差的作用。

**3.0.4** 悬浮模块 levitation module

承载车辆悬浮、导向和牵引的基本单元。模块主要由托臂、箱梁、电磁铁和牵引电机等部件构成，两个模块通过抗侧滚梁连接组成悬浮架。

**3.0.5** 悬浮控制系统 levitation control system

控制车辆悬浮状态的系统。包括悬浮控制器、悬浮电磁铁和悬浮传感器。

**3.0.6** 悬浮控制器 levitation controller

对悬浮电磁铁与轨道之间的间隙进行控制，使电磁铁保持稳定悬浮的电气装置，包括功率单元和控制单元。

**3.0.7** 悬浮电磁铁 electromagnet for levitation

在励磁电流作用下，可产生可控电磁力，实现电磁悬浮和导向功能的电磁铁。主要由励磁线圈、极板和铁芯构成。

**3.0.8** 悬浮传感器 levitation sensor

测量悬浮控制系统的特定状态量，如悬浮间隙、磁铁垂向加速度等，并将其转化成电信号的器件或装置。

**3.0.9 悬浮导向控制　levitation guidance control**

通过悬浮间隙、磁铁垂向加速度等信号检测，对悬浮电磁铁的励磁电流进行反馈控制，调节悬浮力，以保持允许的悬浮间隙。当悬浮电磁铁横向偏离"F"轨时，悬浮力的横向分力产生使其横向复位的导向作用。

**3.0.10 悬浮间隙　levitation gap**

车辆在悬浮状态下悬浮电磁铁磁极面与"F"轨下表面之间的垂向距离。

**3.0.11 悬浮间隙偏差　levitation gap deviation**

实际悬浮间隙与额定间隙之差。实际悬浮间隙大于额定间隙为正偏差，反之为负偏差。

**3.0.12 抗侧滚梁　anti-roll beam**

约束左、右模块相对侧滚运动，且能实现左、右模块其他方向运动解耦的机械连接装置。

**3.0.13 迫导向装置　forced guidance device**

使悬浮电磁铁模块拟合轨道曲线，确保车辆顺利通过曲线的调整装置。

**3.0.14 支撑轮　supporting wheels**

安装于悬浮模块上，可通过液压将车辆顶起的小轮，具有支撑车辆和实现车辆低速滚动前进的功能。

**3.0.15 停放制动滑撬　landing and braking sled**

安装于悬浮模块上，可保证在线路最大坡度、最大载荷的情况下，停放车辆不发生溜逸，并兼作紧急状态下落车摩擦辅助制动装置。

**3.0.16 横向止挡滑块　lateral sled**

安装在悬浮电磁铁极板侧面，防止电磁铁极板与"F"轨发生过大的横向位移并辅助导向的摩擦块组件。

**3.0.17 制动夹钳　braking clamp**

连接悬浮架并通过夹紧"F"轨提供制动力的机械结构装置。

**3.0.18 滑台　expansion shoe**

连接车体与空气弹簧的机械结构装置。

**3.0.19 牵引杆　draw bar**
连接滑台与悬浮模块并传递牵引力的机械结构装置。

**3.0.20 直线感应牵引电机　linear induction traction motor**
处在平面内采用三相电源的牵引电动机，初级安装在车辆上，次级固定在轨道上。

**3.0.21 起浮　levitating up**
在悬浮控制器控制下，悬浮电磁铁从落车状态上升到额定悬浮间隙的过程。

**3.0.22 落下　landing**
在悬浮控制器控制下，悬浮电磁铁从悬浮状态降落到落车状态的过程。

**3.0.23 受流器　current collector**
安装在磁浮列车悬浮架上，从接触轨上接受电能的受流装置。

**3.0.24 测速定位系统　location and speed measuring system**
对列车所处位置、运行方向和速度进行检测的系统。

## 4 总体要求

**4.0.1** 车辆检修应贯彻以质量保安全的原则。检修部门应对车辆的维修质量、安全负责。车辆维修工作应坚持质量第一和为运输服务的原则，贯彻以修养并重、预防为主的方针，不断加强基础管理工作，完善运用管理制度，为中低速磁浮交通运输提供优质良好的车辆。

**4.0.2** 车辆检修应执行质量检查、验收制度并记录存档。

**4.0.3** 车辆的修程分为日检、双周检、三月检、定修、架修和大修。各类修程检修周期可按表4.0.3执行。

表4.0.3 车辆检修周期表

| 修　程 | 说　明 | 检修时间（d） |
|---|---|---|
| 日检 | 每天进行的一般性检查 | — |
| 双周检 | 走行8000km或双周进行的检查和维护 | 1 |
| 三月检 | 运行4.8万km或不足4.8万km但距上次月检以上修程超过3月者 | 2 |
| 定修 | 运行19.2万km或不足19.2万km但距上次定修以上修程超过1年者 | 10 |
| 架修 | 运行96万km或不足96万km但距上次架修以上修程超过5年者 | 15 |
| 大修 | 运行192万km或不足192万km但距上次大修以上修程超过10年者 | 25 |

**条文说明**

本条阐明了车辆日检、双周检、三月检、定修、架修和大修的检修周期。

确定检修周期是关系到车辆是否处于良好技术状态的主要因素。虽然制订检修周期时要考虑的因素很多，如各种零部件的使用期限、车辆的类型和结构、修理工厂和车辆基地的检修能力和设备情况，但最基本的因素是车辆零部件的损伤规律。根据损伤规律可以确定零部件的使用周期，同时参照车辆的经济使用寿命系数，最后确定车辆定期计划检修的循环结构。所以，应首先研究车辆零部件的损伤规律。

根据目前现有的中低速磁浮车辆检修状况分析，车辆零部件可分为易损件和常规寿命件。受电靴、制动摩擦块、垂向滑撬等易损件，检修时应根据其限度标记进行更换，此操作应在日检和双周检中完成。另外的常规寿命件，修程中检修周期应尽量满足其使用年限，在部件接近或到达使用寿命时进行维护和更换。比如空调滤网应在双周检以上修程中更换，橡胶件使用年限一般在5年以内，所以架修时应全部更换。

另外，针对中低速磁浮交通线路站间距大，车辆旅行速度高的特点，参考目前国内运营的两条中低速磁浮工程车辆和其他城市轨道交通车辆的运维情况，本规程确定了中低速磁浮车辆检修周期。相比于传统地铁车辆，中低速磁浮车辆的机械传动件和摩擦件较少，省去了镟轮等轮轨车辆较为复杂的检修流程；电器元件多，使用寿命长且维护方便，所以中低速磁浮车辆对应修程下的走行里程增加，检修时间缩短，体现了中低速磁浮车辆易维护的优点。中低速磁浮车辆检修周期宜根据不同的工程定位、线路和车辆实际情况进行合理调整。

检修不平衡系数可按双周、三月检取1.2，定修、架修、大修取1.1。

检修年工作天数取250d，运用年工作天数取365d。

**4.0.4** 在未成线网的中低速磁浮交通线路建设中，车辆基地宜承担日检、双周检、三月检、定修及临时性故障修理；架修与大修宜委托车辆厂家进行集中处理。

**4.0.5** 磁浮车辆应依据车辆技术参数进行检修。车辆应采用日常维修和定期检修相结合的检修制度。修程和修制应根据本规程并结合车辆维修手册制定。

**4.0.6** 车辆检修不应随意改变车辆原设计结构。车辆检修选用的重要材料及配件，应按原车标准选用。

**条文说明**

本条规定了车辆检修不得随意改变车辆原设计结构。车辆原设计结构是根据原车辆的总体设计要求，按照车辆既定的功能、性能等需求，经过强度、刚度等分析计算，以及必要的车辆结构试验而确定的。检修时随意改变车辆原设计结构，势必影响原车辆的性能，严重的将对车辆的强度、刚度产生不利的影响，危及车辆的行车安全。

**4.0.7** 车辆检修除应符合本规程外，尚应符合国家现行有关标准及中国铁建现行有关技术标准的规定。

# 5 日检

## 5.1 一般要求

**5.1.1** 日检主要工作应包含车辆内外部的清洁，车辆关键部件和易损件的检查以及车辆运行前后的检查，并做好检查记录。其主要工作范围应包括下列内容：
　　1　完成磁浮车辆易损易耗部件的更换、调整和补充。
　　2　通过人工目视和车载故障诊断系统对车辆技术状态和部分技术性能进行例行检查检测，特别对易损易耗部件工作状况进行重点检查。
　　3　处理临时发生的故障。

**条文说明**

　　日检是对运营车辆安全有关的设备和部位进行检查，以检查为主，维修为辅。检查方法以目测、耳听、触摸和简单测量为主，辅以钢尺、普通电工工具、电筒等常规工具。日检记录的内容可以对以后的车辆维修起到参考作用，同时也是车辆履历最基础、最重要的记录。

**5.1.2** 对每列运营列车进行检修的时间应控制在1h左右。

**条文说明**

　　车辆每天进行的检查作业，一般应安排在当天运营结束、列车回库后进行。日检的目标是保证车辆的正常运营，所以日检的主要内容是针对车辆运营安全至关重要的部位，如悬浮控制器、走行机构、制动器、受流系统等，保证在第二天出车前，车辆能够处于良好状态。由于要保证白天车辆的运营率，所以一个正常运营的城市轨道交通运营企业的大规模车辆日检一般都安排在夜间进行（除非在运营初期或客流很小的线路）。根据检修任务量，一个2~3人组成的检修小组检修维护一列车需要1h。

## 5.2 司机室

**5.2.1** 司机室前窗玻璃安装牢固，表面无裂纹。

5.2.2  天花板、墙面、地板、设备柜、电器柜、司机台安装牢固，无较大漆面损坏面积，左右侧墙无裂损。

5.2.3  司机室门外观无破损，安装牢固，开关门功能正常，锁闭功能正常；锁闭后，司机室门无松动。

5.2.4  司机室左右侧窗玻璃无裂损，安装牢固，开关灵活，锁闭良好。

5.2.5  司机室通风单元状态良好，外观无破损，与地板连接的螺栓防松线清晰无错位。

5.2.6  司机室各开关、按钮安装牢固，标识齐全，仪表外观无破损。

5.2.7  设备柜、电器柜锁闭良好。

5.2.8  设备柜旁路开关铅封完整，开关位置正确。

5.2.9  机台下灭火器标签完整、清晰，压力指针在绿色区域内，保险插销及铅封完好，灭火器在有效期内，且绑扎牢固。

5.2.10  刮雨器摆臂及刮片外观无破损，紧固件无松动。

5.2.11  刮雨器水箱内水不足一半时应加水。

5.2.12  通道门外观无破损，安装牢固，开关门功能正常，锁闭功能正常；锁闭后，通道门无松动，窥视镜安装良好，无破损、无丢失、无较大脱漆损坏面积、无裂纹，止挡无松动。

5.2.13  摄像头、视频监控触摸屏安装紧固，外观无裂纹、无刮伤，表面清洁无污垢。

## 5.3  车体与客室

5.3.1  客室各类标签无脱落、无丢失、无卷边、无缺损、无开裂。

5.3.2  车体外表包括客室侧门、腰带等无裂纹，漆膜无鼓包，油漆无较大损坏面积。

5.3.3  各灯罩无丢失、无裂纹，安装牢固。

**5.3.4** 通风格栅及回风口安装稳固，油漆无较大损坏面积。

**5.3.5** 设备柜、电器柜、空调柜柜门锁闭良好，油漆无较大损坏面积。

**5.3.6** 座椅安装稳固，表面无明显破损；屏风安装稳固，状态良好，油漆无较大损坏面积。

**5.3.7** 立柱、扶手安装稳固，无松动。

**5.3.8** 灭火器标签完整、清晰，压力指针不在红色区域内，保险插销及铅封完好，灭火器在有效期内，且绑扎牢固。

**5.3.9** 门驱盖板、侧顶盖板、门立柱盖板、侧墙板无明显污迹，油漆无较大损坏面积。

**5.3.10** 紧急解锁装置透明罩无裂纹，紧急解锁拉手处于水平位。

**5.3.11** 摄像头安装紧固，外观无破损。

**5.3.12** 乘客紧急通话装置外观无破损，按钮翻盖无丢失。

**5.3.13** 客室车门检查内容与标准：
1 客室车门油漆无较大损坏面积，门玻璃无裂损，安装牢固。
2 客室车门切除装置位置正确，安装牢固。
3 车门外部解锁装置安装牢固，位置正常，盖板无丢失。

**5.3.14** 贯通道检查内容与标准：
1 贯通道折棚安装牢固，连接紧密，无破损。
2 贯通道客室内部外观无破损、无明显污迹，渡板安装孔外观良好，盖板无丢失，安装螺栓紧固无松动，紧固螺栓无缺失。
3 贯通道边缘粘贴良好。

## 5.4 走行机构

**5.4.1** 悬浮架检查内容与标准：
1 悬浮架表面无明显裂纹、变形，铭牌安装牢固，无缺失、无较大脱漆损坏面积。
2 与构架相连的部件位置正确、安装牢固，无缺失，构架上各部件无明显油污。

**条文说明**

悬浮架是支撑车体并担负车辆沿着轨道走行的支撑走行机构，相对车体可自由回转，使较长的车辆能自由通过小半径曲线，保证车辆具有良好的动力性能和运行品质，提高运行的平稳性。悬浮架还有支撑车体、承受并传递各种载荷及作用力的功能。所以对车辆来说，悬浮架是最重要的机械部件之一，也是日检中要着重进行检查的部位。

滑台和T形臂及钢丝绳是车辆转弯的重要部件，承受各种力的作用，日检中要重点检查。

由于车辆在运行中受到各种力的作用，因此，悬浮架上的各种杆件易发生弯曲变形及断裂的现象，要重点进行检查。发现有裂纹现象时，清洁部件表面，进行探伤，检查损坏程度。

**5.4.2** 牵引杆检查内容与标准：
1 牵引杆组装以及牵引座上无明显损坏，无明显裂纹、变形。
2 牵引杆紧固螺母防松线清晰无错位，开口销无丢失。

**5.4.3** 横向滑撬、防吸死滑撬紧固件防松线清晰无错位，无严重变形和破损。

**5.4.4** 直线电机检查内容与标准：
1 电机安装螺栓防松线清晰无错位；直线电机与感应板之间间隙在安全范围内，电缆外观无破损、无干涉、无放电烧痕现象，电机电缆插头插接良好。悬挂部位无裂纹，连接的紧固件无松动。悬挂部位状态良好，无变形、损坏。
2 悬挂处螺纹孔无损坏、无异常；线圈无发黑、碰撞、接地或绝缘损坏的现象；铁芯无与轨道碰撞的现象；槽楔无松动的现象。

**5.4.5** 悬浮控制器检查内容与标准：
1 悬浮控制器外观状态良好，安装螺栓安装紧固，防松线清晰无错位。
2 各连接插头状态良好。

**5.4.6** 悬浮传感器检查内容与标准：
1 悬浮传感器外观良好，无擦伤，安装紧固，防松线清晰无错位。
2 连接插头状态良好。

**5.4.7** 悬浮电磁铁检查内容与标准：
1 悬浮电磁铁外观良好，无擦伤，安装紧固，防松线清晰无错位。
2 电缆无破损，无明显放电痕迹。

5.4.8 空气弹簧检查内容与标准：
1 气囊外观良好，无裂损。
2 空气弹簧与滑台连接，防脱开钢丝绳的固定螺栓防松线清晰无错位。

5.4.9 高度阀、连接杆检查内容与标准：连杆螺母和紧固螺母防松线清晰无错位，连接杆无变形，球头外观无损伤，开口销无丢失。

5.4.10 空气管路、油管检查内容与标准：各紧固件防松线清晰无错位、无漏气、无漏油、无松动、无破损。

5.4.11 抗侧滚梁、支撑轮、停放制动滑撬检查内容与标准：
1 各紧固件防松线清晰无错位，开口销无丢失。
2 支撑轮无漏油，转动自由。
3 停放制动滑撬无裂损、无缺块，厚度未达到限度标记，达到限度标记则更换。

**条文说明**
液压支撑轮是在悬浮发生故障后，使车辆能够顺利回库的重要部件，因此，每天在车辆出库前要进行检查，保证其使用状态正常。

5.4.12 列车自动防护（Automatic Train Protection，以下简称"ATP"）系统接收天线安装座表面无损伤、无裂纹，各紧固件防松线清晰无错位。

5.4.13 接地刷电缆各固定螺栓防松线清晰无错位，电缆外观无损伤，连接电缆与悬浮架无干涉。

5.4.14 迫导向装置检查内容与标准：
1 长转臂装配、短转臂装配、钢管装配、调节螺杆装配、与滑台连接的各紧固螺栓安装正确，防松线清晰无错位。
2 外观良好、无变形、无裂纹、无干涉。

## 5.5 受流系统

5.5.1 受流器外观状态良好，各紧固件安装牢固，防松线清晰无错位。

5.5.2 绝缘子外观良好，无放电痕迹。

5.5.3 滑块无裂纹、无缺块、无明显撞击痕迹，厚度未达到限度标记，达到限度标记则更换。

**5.5.4** 导流线不应被拉紧或与其他部件接触，单股的1/2以上出现断裂或超过整条编织线的10%出现单根断裂现象应更换，无明显放电痕迹。

**5.5.5** 升降靴气缸安装牢固，外观良好，气管无漏气；位置检测器外观良好，安装牢固。

**5.5.6** 受流器监控摄像头安装牢固，外观良好，探头外罩无污染。

条文说明

受流器检查以外观为主，特别是靠近悬浮架处发生烧伤现象时，颜色会发生变化，此时要先清理上面的污垢，然后进行检查。

## 5.6 车辆各电器箱及管线

**5.6.1** 电器箱外观无变形、无裂纹、无烧伤痕迹；箱体油漆无较大破损面积。

**5.6.2** 箱体安装螺栓防松线清晰无错位，各电气连接插连接紧固，箱体盖板锁闭良好。

**5.6.3** 线缆捆扎良好，无脱落现象。

条文说明

日检对各种电气设备箱不打开检查，一般只是检查它们的外观是否受到损伤，外盖是否锁紧和密封，插接件是否脱落。此外，悬挂装置也需要检查是否松动或受损。

## 5.7 车钩缓冲装置

**5.7.1** 车钩外观无破损，各部件安装位置正确，无缺失，各紧固件防松线清晰无错位，各风管连接牢固，无漏气现象。

**5.7.2** 手动解钩装置处于正常位置。

**5.7.3** 车钩跨接电缆无干涉，波纹管及连接插头无破损，插头及安装架紧固件防松线清晰无错位。

5.7.4 车钩接地线安装牢固，接地线无干涉，绑扎牢固。

5.7.5 缓冲器表面无裂纹、无变形。

**条文说明**

车钩缓冲装置是车辆最基本也是最重要的部件之一，由于其传递和缓和列车在运行中或调车时所产生的冲击力，容易发生裂纹和断裂，属于应力集中的部位，所以应每天进行检查，发现异常立即更换，并记录故障点进行分析。

## 5.8 制动与供风系统

5.8.1 制动单元检查内容与标准：
1 制动夹钳表面无裂损，紧固螺栓防松线清晰无错位；安装牢固，无断裂，卡环无丢失，安装销无松脱；液压管路无破裂、无漏油。
2 夹钳安装牢固。闸片厚度未达到限度标记，达到限度标记则更换，开口销无丢失。
3 各管路连接状态良好，无松动、泄漏。管卡齐全，管路之间不得相互磨碰。
4 检查增压缸是否漏油，如果有漏油现象，进行处理并检查油位。
5 制动拉杆表面无裂损，安装牢固无断裂。
6 蓄能器压力在正常范围内。

5.8.2 空压机检查内容与标准：
1 空压机及空气干燥器应正常无外伤，紧固件无松动。
2 空压机无漏油，油位正常。
3 空压机组工作正常，无明显异常杂音。

## 5.9 列车有电功能检查

5.9.1 司机台功能有电检查内容与标准：
1 按下电笛按钮，要求电笛能够正常鸣响。
2 按下灯测试按钮，各按钮显示正常。
3 测试司机台各按钮及旋钮功能，要求动作灵活、功能正常。

5.9.2 照明系统有电检查内容与标准：
1 头灯显示逻辑正确。

2 将头灯旋钮开关分别置近光、远光位，对应近光灯、远光灯分别亮起。
3 目的地显示屏显示内容正确完整，无花屏、卡屏，外观无明显破损。
4 将客室灯亮开关打至开位，检查各车照明功能是否正常。
5 将司机室灯开关打至开位，检查司机室照明是否正常。
6 检查司机室速度表灯、压力表指示灯照明是否正常。

5.9.3 客室侧门开、关门顺畅，观察开关门速度应基本同步，无异常声音，无明显开、关门过快或过慢现象。

5.9.4 空调有电检查内容与标准：
1 按压空调开、关按钮，空调能正常开启和关闭，空调图标显示正常。
2 司机室通风单元出风口无破损，锁闭良好，风速控制良好，风量输送正常。

5.9.5 乘客信息系统有电检查内容与标准：
1 客室广播功能正常。
2 两司机室对讲功能正常。
3 摄像头监控状态能在监控屏上进行正常显示，切换流畅，能轮巡监控。
4 设置好线路、目的站和下一站后，进行到站或离站广播，确认客室开始播报广播语音，广播播报完整、正确、连续无中断、无破音，动态地图显示正确。

5.9.6 列车控制系统有电检查内容与标准：
1 控制系统屏幕显示清晰，无花屏、卡屏，显示内容完整。
2 触击主画面功能按钮"事件信息""设置""维护""车辆状态"及各子系统触摸按钮，触摸功能灵敏，能进入各对应界面。
3 司机驾驶界面、事件信息屏的显示图标正常。
4 检查列车诊断系统的诊断信息，对有故障的子系统做进一步地检查、转储、分析和处理；对影响车辆牵引、制动功能的故障进行分析并报告车辆基地控制中心。

5.9.7 悬浮系统有电检查内容与标准：
1 按下起浮按钮，列车能正常起浮。查看起浮间隙及电流值，均在正常范围内。
2 按下落车按钮，列车能正常落车。

# 6 双周检

## 6.1 一般要求

车辆双周检检查工作应以检查车辆关键部件和易损件为主，并做好检查记录。

## 6.2 空调

**6.2.1** 清洗新风过滤网、混合风过滤网。新风、混合风过滤网干净，无损坏，如有损坏需要进行更换。

**6.2.2** 液体管路视液镜的湿度显示情况正常。

**6.2.3** 主回路、控制回路电气插头无松动，外观无破损。

**6.2.4** 冷凝风机单元导流格栅无断裂，通过导流格栅间隙查看冷凝风机扇叶有无裂纹、有无变形、扇叶转动是否灵活，冷凝风机是否安装紧固，风机接线电缆是否紧固，有无破损。

**6.2.5** 空调冷凝腔盖板、送风腔、蒸发腔盖板、轴销各盖板无裂纹、无变形，盖板紧固件防松线清晰无错位，无裂纹、无脱焊，轴销无脱出。

**6.2.6** 盖板锁闭良好，压板安装可靠、螺栓防松线清晰无错位，手动轻拉确认盖板无法弹开。

## 6.3 司机室

**6.3.1** 司机室前窗玻璃及目的地显示器表面无裂纹，安装牢固。

**6.3.2** 司机室通风单元百叶无缺失、破损、转动正常；通风挡位旋钮、取暖挡位旋扭能正常切换，且通风量和制热量可调。

**6.3.3** 刮雨器摆臂及刮片外观无破损，紧固件无松动；刮雨器低速、高速、间歇、喷淋电动喷水功能正常。

**6.3.4** 水箱外观无破损，喷水管无泄漏，加水至水满状态。

**6.3.5** 天花板、各墙面、地板、设备柜、电器柜、司机台及玻璃安装牢固，外观良好无破损，无较大损坏面积。

**6.3.6** 司机室左右侧窗玻璃无裂损，安装牢固，开关灵活，锁闭良好。

**6.3.7** 头罩与司机室墙体胶条密封正常，安装牢固、无缺失。

**6.3.8** 司机室各开关、按钮安装牢固，标识齐全；仪表外观无破损，且在有效期内。

**6.3.9** 设备柜、电器柜盖板闭锁良好。

**6.3.10** 设备柜旁路开关铅封完整，开关位置正确。

**6.3.11** 足部取暖器安装牢固，外观正常。

**6.3.12** 茶杯托安装牢固，外观正常。

**6.3.13** 司机台下灭火器标签完整、清晰，压力指针不在红色区域内，保险插销及铅封完好，灭火器固定牢固、绑带锁扣牢固；灭火器结构无破损，且在有效期内。

**6.3.14** 司机室遮阳帘支架安装牢固，无损坏，收放灵活。

**6.3.15** 司机座椅调整功能正常，无卡滞，状态良好，外观无破损，与地板连接的螺栓防松线清晰无错位。

**6.3.16** 通道门外观无破损，安装牢固，开关门功能正常，手动检查锁闭功能正常，锁闭后，通道门无松动，窥视镜安装良好、无破损、无丢失、无较大脱漆损坏面积、无裂纹，止挡无松动。

**6.3.17** 人机界面（Human Machine Interface，以下简称"HMI"）安装螺钉紧固，外观无裂纹、刮伤，表面清洁无污垢。

6.3.18 司机控制器主控锁锁芯转动灵活、无卡滞、无异响。

6.3.19 司机控制器方向手柄及主控手柄在各个挡位之间转动灵活，无机械卡阻现象，联锁功能正常。

6.3.20 司机控制器标识符号齐全、完整、清晰、正确。

6.3.21 司机室摄像头安装紧固，外观无破损。

6.3.22 视频监控触摸屏安装及外观正常、清洁。

6.3.23 广播控制盒安装螺钉安装紧固，按钮无凹陷或起翘；对讲器表面无破损，线缆无破损。

6.3.24 行车记录仪安装牢固，摄像头角度正确。

6.3.25 司机室侧门油漆无较大损坏面积，门玻璃无裂损，安装牢固。

6.3.26 司机室门外部解锁装置安装牢固，位置正常，盖板无丢失。

## 6.4 车体与客室

6.4.1 车体与客室内部检查内容与标准：
1 车体外表包括客室侧门、腰带等无裂纹，漆膜无鼓包，油漆无较大损坏面积。
2 客室各类标识正常。
3 客室内天花板、灯罩、地板、侧墙板、窗玻璃状态正常。地板布无破损、无起翘、无脱出。
4 设备柜、空调柜、电器柜柜门锁闭良好，无较大油漆损坏面积。
5 座椅安装稳固，表面无明显破损；屏风安装稳固，状态良好，无较大油漆损坏面积。
6 每节车灭火器标签完整、清晰，压力指针不在红色区域内，保险插销及铅封完好，灭火器固定牢固、绑带锁扣牢固；灭火器结构无破损，且在有效期内。
7 座椅下的 BO9 阀盖板闭锁良好。
8 门驱盖板、侧顶盖板、门立柱罩、侧墙板状态正常。
9 立柱、扶手状态安装稳固。
10 紧急解锁装置正常。
11 摄像头安装及外观正常。
12 液晶显示器（Liquid Crystal Display，以下简称"LCD"）动态地图及插头状态正常。

  13 乘客紧急通话装置正常。

  14 清洁灯罩内部无异物。

**6.4.2** **客室侧门检查内容与标准：**

  1 车门外部解锁装置安装牢固，位置正常，解锁装置功能正常。

  2 长导柱紧固件防松线清晰无错位，状态良好，挂架表面无裂纹、无变形。

  3 长导柱、短导柱状态安装牢固，可见部分长导柱、短导柱无刮痕痕迹，无锈蚀，卡簧无丢失。

  4 丝杆无明显刮痕痕迹，状态良好；丝杆螺母状态良好，安装牢固，挡卡无丢失，手动开关车门，丝杆转动灵活，无异响。

  5 端部解锁装置紧固件防松线清晰无错位。

  6 电机电缆外观无破损，接头牢固，绑扎牢固。

  7 客室侧门、门玻璃、护指胶条外观状态正常。

  8 在开门状态下，检查行程开关外观及其紧固状态正常。

  9 上滑道无变形、擦伤，滚轮转动灵活，无破损，紧固件防松线清晰无错位。

  10 平衡轮安装座紧固件无松动，外观无破损，卡环无丢失，压轮与门页无干涉，在开门状态下，平衡轮转动灵活，车门关闭后，平衡轮无法转动。

  11 携门架端部卡簧螺栓紧固件防松线清晰无错位，卡簧无松脱，无丢失。

  12 携门架、偏心轮表面无碰伤、无裂纹，紧固件防松线清晰无错位。

  13 下滑道无变形，安装牢固，摆臂滚轮转动灵活，手动检查下滑道螺栓安装紧固。

  14 在开门位置，检查门槛状态。门槛安装稳固，螺栓无丢失。

  15 门页在开关过程中下摆臂体与下滑道无摩擦干涉，下挡销与嵌块无干涉，开关门灵活，无卡滞。

  16 门完全打开的状态下，门部件与车体无干涉。

  17 手动关闭车门，从里向外用力推门页，车门不能解锁。

  18 客室侧门安装牢固，门玻璃无裂损。

  19 切除装置及锁盒装置安装牢固，位置正确，状态良好。

  20 车门内外钥匙开关门功能正常。

**6.4.3** **贯通道检查内容与标准：**

  1 贯通折棚安装牢固，连接紧密，无破损。

  2 贯通道客室内部渡板、踏板安装牢固，无干涉、无变形，渡板磨耗条安装螺栓齐全，外观无破损，无明显污迹，渡板安装孔外观良好，盖板无丢失，安装螺栓紧固无松动，紧固螺栓无缺失。

  3 贯通道裙边固定板安装牢固，外观良好无变形，无较大脱漆面积。

4 贯通道边缘粘贴良好。

## 6.5 走行机构

**6.5.1** 电笛表面无损伤、无裂纹，各紧固件防松线清晰无错位。

**6.5.2** 构架表面无裂纹、变形、腐蚀，铭牌安装牢固，无缺失，无较大脱漆损坏面积，与构架相连的部件位置正确，安装牢固，无缺失。构架上各部件无明显污渍。

**6.5.3** 牵引杆组装以及牵引座上无明显损坏，例如磨损、裂纹；牵引拉杆紧固螺母防松线清晰无错位，开口销无丢失。

**6.5.4** 止挡滑块紧固件防松线清晰无错位，无严重变形和破损，未磨耗到限。

**6.5.5** 防吸死滑撬紧固件防松线清晰无错位，无严重变形和破损，未磨耗到限。

**6.5.6** 电机安装螺栓防松线清晰无错位；直线电机与感应板之间间隙在限定范围内，电缆外观无破损、无干涉、无放电烧痕现象，电机电缆插头插接良好；悬挂部位无裂纹，连接的紧固件无松动。悬挂部位无变形、损坏；悬挂处螺纹孔无损坏、异常；线圈无发黑、碰撞、接地或绝缘损坏；铁芯不与轨道碰撞，槽楔无松动。

**6.5.7** 悬浮控制器外观状态良好，安装螺栓安装紧固，防松线清晰无错位；各连接插头状态良好。

**6.5.8** 悬浮传感器外观良好，无擦伤，安装紧固，防松线清晰无错位；连接插头状态良好。

**6.5.9** 悬浮电磁铁外观良好，无擦伤，安装紧固，防松线清晰无错位；电磁铁磁极面无明显粉尘；电缆无破损，无明显放电痕迹。

**6.5.10** 空气弹簧气囊外观良好，无裂损、无漏气；空气弹簧与滑台连接及防脱开钢丝绳的固定螺栓防松线清晰无错位。

**6.5.11** 高度阀和连接杆安装状态正常，连杆螺母和紧固螺母防松线清晰无错位，连接杆无变形，球头外观无损伤、开口销无丢失。

**6.5.12** 悬浮架抗侧滚片梁、吊杆、片梁安装座、支撑轮及垂向滑撬外观和固定螺栓状态良好。各紧固件防松线清晰无错位，开口销无丢失；垂向滑橇无裂损、无缺块，未磨耗到限；支撑轮无漏油。

**6.5.13** ATP接收天线和安装座表面无损伤、无裂纹，各紧固件防松线清晰无错位。

**6.5.14** 接地刷电缆各固定螺栓防松线清晰无错位，电缆外观无损伤，连接电缆与悬浮架无干涉。

**6.5.15** 空气管路各紧固件防松线清晰无错位，管路之间无干涉，管路无漏气。

**6.5.16** 车端减振器各固定螺栓防松线清晰无错位；外观良好无漏油。

**6.5.17** 迫导向装置长转臂装配、短转臂装配、钢管装配、调节螺杆装配、与滑台的连接各紧固螺栓安装正确，防松线清晰无错位；整体外观良好，无变形、无裂纹。

## 6.6 受流系统

**6.6.1** 受流器监控摄像头安装牢固，外观良好，探头外罩无污染。

**6.6.2** 受流器外观状态良好，各紧固件安装牢固，防松线清晰无错位。

**6.6.3** 绝缘子外观良好，无放电痕迹；滑板无裂纹、无缺块，无明显撞击痕迹，磨耗未到限；升降靴气缸安装牢固，外观良好，气管无漏气；位置检测器外观良好，安装牢固。

## 6.7 车辆各电器箱及管线

**6.7.1** DC110V蓄电池箱及DC330V蓄电池箱检查内容与标准：
1. 蓄电池箱外观无变形、无裂纹、无烧伤痕迹；箱体油漆无较大破损面积。
2. 蓄电池箱螺栓防松线清晰无错位，各电气连接插连接紧固。
3. 蓄电池箱箱盖板螺栓安装紧固，防松线清晰无错位。

**6.7.2** 悬浮电源箱检查内容与标准：
1. 悬浮电源箱外观无变形、无裂纹、无烧伤痕迹；箱体油漆无较大破损面积。
2. 悬浮电源箱螺栓防松线清晰无错位，各电气连接插连接紧固。
3. 悬浮电源箱盖板锁闭良好。

**6.7.3** 高压分线箱及库用转换开关检查内容与标准：

1 高压分线箱外观无变形、无裂纹、无烧伤痕迹；箱体油漆无较大破损面积。
2 高压分线箱螺栓防松线清晰无错位，各电气连接插连接紧固。
3 高压分线箱盖板锁闭良好。
4 库用转换开关位置正确。

**6.7.4** 辅助变流器箱检查内容与标准：
1 辅助变流器箱外观无变形、无裂纹、无烧伤痕迹；箱体油漆无较大破损面积。
2 辅助变流器箱螺栓防松线清晰无错位，各电气连接插连接紧固。
3 辅助变流器箱盖板闭锁良好。

**6.7.5** 高压电气箱检查内容与标准：
1 高压电器箱体外观无变形、无裂纹，箱体油漆无较大破损面积。
2 高压电器箱体螺栓防松线清晰无错位，各电气连接插连接紧固。
3 高压电器箱盖板闭锁良好。
4 电缆防水接头紧固，无裂纹。
5 辅逆风机叶片无裂纹。

**6.7.6** 牵引逆变器箱检查内容与标准：
1 牵引逆变器箱箱体外观无变形、无裂纹，箱体油漆无较大破损面积。
2 牵引逆变器箱箱体螺栓防松线清晰无错位，各电气连接插连接紧固。
3 牵引逆变器箱散热模块紧固螺栓防松线清晰无错位，散热模块外观无裂纹、无异物堵塞、无缺块。
4 牵引逆变器箱箱体盖板螺栓安装紧固，防松线清晰无错位。
5 电缆防水接头紧固，无裂纹。
6 散热风机叶片无裂纹。

**6.7.7** 避雷器箱安装及外观无变形、无变色、无裂纹；防松线清晰无错位；避雷器箱体安装螺栓防松线清晰无错位。

**6.7.8** 空心电抗器箱检查内容与标准：
1 空心电抗器箱外观无变形、无裂纹，箱体油漆无较大破损面积。
2 空心电抗器箱螺栓防松线清晰无错位。
3 主电路电缆、防爆接头和接地电缆的外护层绝缘无破损，若有则更换电缆。
4 空心电抗器线圈表面及出线端无污垢、铁屑、杂物，若有则予以清洁；线圈表面无绝缘破损，线圈表面漆膜均匀，无绝缘层外翻翘起现象，线圈间绝缘垫块无松动。

**6.7.9** 制动控制单元、功率控制单元、逻辑控制单元箱体紧固螺栓防松线清晰无错位，外观无变形、无变色、无裂纹；防松线清晰无错位；箱体盖板锁扣良好。

## 6.8 车钩缓冲装置

**6.8.1** 车钩外观无破损，各部件安装位置正确，无缺失，各紧固件防松线清晰无错位，各风管连接牢固，无漏气现象。

**6.8.2** 车钩底座、缓冲装置、支撑弹簧、对中装置、卡环连接件等重点部位外观无异常损坏，各紧固件无松动，防松标记清晰无错位。

**6.8.3** 手动解钩装置处于正常位置。

**6.8.4** 车钩跨接电缆无干涉，波纹管及连接插头无破损，插头及安装架紧固件防松线清晰无错位。

**6.8.5** 车钩接地线无破损，紧固件无松动，防松标记清晰无错位。

**6.8.6** 钩头电气装置、机械部件表面无损坏裂纹，电动车钩头操作装置状态正常。

**6.8.7** 缓冲器表面无裂纹、无变形。

## 6.9 制动与供风系统

**6.9.1** 制动单元检查内容与标准：
1 制动夹钳表面无裂损，紧固螺栓防松线清晰无错位；制动单元安装牢固，无断裂，卡环无丢失，安装销无松脱；液压管路无破裂、无漏油。
2 制动夹钳与"F"轨之间应安装严密，否则重新调整夹钳。闸片厚度达到限度标记则更换，开口销无丢失。

**6.9.2** 供风系统检查内容与标准：
1 供风单元安装状态正常，各阀门工作位置正确；供风单元各部件安装牢固、各紧固件及管路接头防松线清晰无错位，截断塞门手柄处于与管路平行位置。
2 空压机润滑油位不足则进行补加。
3 空压机润滑油无乳化现象。
4 空气过滤器的空气出现堵塞则清除堵塞的异物。
5 压机风管软管外层无脆裂，无鼓包、无断层等变形现象，否则更换；风管接头紧固防松线清晰无错位、无漏气。

6 各外部阀门所处工作位置正确，无漏气；各管路接头连接牢固，无漏气，防松线清晰无错位。

7 各风缸安装螺钉紧固，防松线清晰无错位；各风缸阀门位置正确。

## 6.10 列车有电功能检查

**6.10.1** 司机台功能有电检查内容与标准：

1 记录列车运行公里数。

2 按下电笛按钮，要求电笛能够正常鸣响。

3 刮雨器有电检查功能正常。

4 主控手柄在牵引、制动、快制不同位置下，HMI主界面显示的牵引/制动参考值及柱状图与手柄位置相符。

5 按下灯测试按钮，各按钮显示正常；测试司机台各按钮及旋钮功能，要求动作灵活、功能正常。

6 按下支撑轮落下/收起按钮，支撑轮能正常撑起/收起。

7 受流器升降功能正常。

**6.10.2** 照明系统有电检查内容与标准：

1 头灯显示逻辑正确。

2 将头灯旋钮开关分别置"近光""远光"位，对应近光灯、远光灯分别亮起。

3 目的地显示屏显示内容正确完整，无花屏、卡屏，外观无明显破损。

4 打开客室照明系统，检查各车照明功能是否正常。

5 打开司机室照明系统，检查司机室照明是否正常。

6 检查司机室速度表灯、压力表指示灯照明是否正常。

**6.10.3** 客室侧门有电检查内容与标准：

1 在司机室操作开、关门按钮，检查车门开、关功能是否正常。

2 侧门开、关门顺畅，观察开关门速度应基本同步，无异常声音，无明显开、关门过快或过慢现象。

**6.10.4** 空调系统有电检查内容与标准：

1 通风单元外观无破损，锁闭良好，风速选择开关、模式选择开关、温度开关功能正常，风量输送正常。

2 按压空调开、关按钮，空调能正常开启和关闭，空调图标显示正常。

**6.10.5** 供风系统有电检查空压机的工作状态正常。

**6.10.6** 制动功能检查内容与标准：

1 常用制动功能正常。

2 列车保压制动功能正常。

3 列车快速制动功能正常。

4 列车紧急制动功能正常。

5 在 HMI 上激活制动系统自检程序，确认自检通过并记录自检时间。

**6.10.7** 乘客信息系统有电检查内容与标准：

1 客室广播功能正常。

2 两司机室对讲功能正常。

3 摄像头监控状态能在监控屏上进行正常显示，切换流畅，能轮巡监控。

4 设置好线路、目的站和下一站后，进行到站或离站广播。确认客室开始播报广播语音，广播播报完整、正确，连续无中断、无破音，动态地图显示正确。

**6.10.8** 列车网络控制与诊断系统有电检查内容与标准：

1 HMI 显示状态正常。

2 HMI 主页面功能触摸按钮及子系统触摸按钮的功能正常。

3 通信控制系统屏幕显示清晰，无花屏、卡屏，显示内容完整。

4 触击主画面功能按钮"事件信息""设置""维护""车辆状态"及各子系统触摸按钮，触摸功能灵敏，能进入各对应界面。

5 查看司机驾驶界面、事件信息屏的显示图标正常。

6 检查列车诊断系统的诊断信息，对有故障的子系统做进一步的检查、转储、分析和处理；对影响车辆牵引、制动功能的故障进行分析并报告车辆基地调度员。

**6.10.9** 高速断路器闭合、断开功能及指示灯状态。

**6.10.10** 列车激活作业检查内容与标准：

1 蓄电池电压正常。

2 辅助系统界面各项参数在正常范围内。

3 网压、空压机打风、三个牵引逆变器正常。

**6.10.11** 悬浮系统有电检查内容与标准：

1 按下起浮按钮，列车能正常起浮。查看起浮间隙及电流值，均在正常范围内。

2 按下落车按钮，列车能正常落车。

# 7 三月检

## 7.1 一般要求

三月检应包含日常维护、保养测试，必要时应进行换件维修，并做好检查记录。

**条文说明**

三月检属于低级别检修，内容基本覆盖了日检和周检，但增加了对易耗零配件的更换以及对部分易损零件的修理。

## 7.2 空调

7.2.1 更换混合风和新风过滤网；滤网卡扣及定位销无丢失，转动灵活。

7.2.2 空气净化装置安装牢固，外观无损坏，电气线缆无破损。

7.2.3 排水槽排水顺畅，如堵塞则疏通。

7.2.4 电加热器安装牢固，外观无损坏，电气线缆无破损。

7.2.5 送风机功能检查内容与标准：
1 安装座无裂损，各螺栓防松线清晰无错位，送风机转轴可见部分无裂纹、无变形。
2 拨动叶片正反转，转动灵活，无异响，清洁叶片。
3 电机线缆无破损，紧固螺栓防松线清晰无错位。

7.2.6 视觉及听觉两个方面观察各管路有无明显泄漏。

7.2.7 检查视液镜颜色。正常应为绿色；不正常应为黄色及其他。

7.2.8 冷凝腔外观及部件状态检查内容与标准：

1 导流格栅无断裂，冷凝风机扇叶无裂纹、无变形，转动灵活，接线盒安装牢固，冷凝室中外露电源线和控制线无破损，与其他部件无干涉。
2 冷凝腔可见部件外观良好，紧固件紧固，防松线清晰无错位。

7.2.9 空调冷凝腔盖板、蒸发腔盖板无裂纹、无变形，盖板紧固件防松线清晰无错位，无裂纹、无脱焊，轴销无脱出，检查完之后确认盖板支撑杆，功能正常、固定到位。

7.2.10 三类传感器检查内容与标准：
1 传感器安装牢固，电缆连接可靠。
2 用干净的干抹布清洁新风、回风、送风温度传感器。

7.2.11 主回路、控制回路连接器无松动，外观无破损。

7.2.12 空调机组机壳体外观无损坏。

7.2.13 机组减振装置无损坏，机组紧固螺栓防松线清晰无错位。

7.2.14 冷凝器、蒸发器散热片无变形，清洁异物。

7.2.15 以上作业完成后检查各盖板锁、压板状态。各盖板盖好，锁到位，标记对齐，压板安装可靠、螺栓防松线清晰无错位，手动轻拉确认盖板无法弹开。

7.2.16 废排装置外观无裂纹，螺栓无松动，铆钉无脱落，废排口无异物黏附。

7.2.17 打开司机室通风单元，检查通风单元电加热器、通风机、接触器、旋钮开关，要求接线紧固无松动，对电器元件进行除尘；检查司机室通风百叶有无缺失、破损，转动是否正常。

## 7.3 司机室

7.3.1 司机室前窗玻璃表面无裂纹，安装牢固。

7.3.2 刮雨器安装牢固，紧固件无松动；刮雨器水管无裂损；电机、驱动连杆部件完好，紧固件无松动，防松标记清晰无错位；控制盒安装紧固，电缆插头连接良好；摆臂及刮片外观无破损。

7.3.3 水箱外观无破损,喷水管无泄漏,并将水加满。

7.3.4 天花板、各墙面、地板、设备柜、电器柜、司机台安装牢固,无较大油漆损坏面积;地板布无起翘及开裂。

7.3.5 足部取暖器安装牢固,外观正常。

7.3.6 茶杯托安装牢固,外观正常。

7.3.7 司机室各开关、按钮安装牢固,标识齐全;仪表外观无破损,在有效期内。

7.3.8 司机室侧门检查内容与标准:
1 司机室侧门油漆无较大损坏面积,门玻璃无裂损,安装牢固。
2 车门外部解锁装置安装牢固,位置正常,盖板无丢失。

7.3.9 司机台下灭火器状态检查内容与标准:
1 压力指针不在红色区域内,保险插销及铅封完好,灭火器在有效期内,且固定牢固,绑带锁扣牢固,绑带无打结。
2 瓶身、喷头、软管、把手无破损。

7.3.10 遮阳帘支架安装牢固,无损坏,收放灵活,拉动遮阳帘应能在任一位置定位。

7.3.11 座椅调整功能正常,无卡滞,状态良好,外观无破损,与地板连接的螺栓紧固,防松线清晰无错位。

7.3.12 通道门外观无破损,安装牢固,开关门功能正常,手动检查锁闭功能正常,锁闭后,间隔门无松动,窥视镜/间隔门玻璃安装良好,无破损、无丢失,脱漆无较大损坏面积、无裂纹、无较大刮伤,止挡无松动。

7.3.13 司机室侧窗及玻璃安装牢固,玻璃无裂纹。

7.3.14 摄像头安装紧固,外观无破损。

7.3.15 视频监控触摸屏安装螺钉紧固,外观无裂纹、无刮伤,表面无污垢。

7.3.16 HMI 显示屏安装螺钉紧固,外观无裂纹、无刮伤。

**7.3.17** 司机控制器主控锁锁芯转动灵活，无卡滞、无异响。

**7.3.18** 司机控制器手柄外观良好，胶帽无松脱，方向手柄及主控手柄在各个挡位之间转动灵活，无机械卡阻现象，二者逻辑正确。

**7.3.19** 司机控制器"向前""向后""牵引""制动"标识符号应齐全、完整、清晰、正确。

**7.3.20** 司机台下柜电缆插头紧固到位；端子排无异常，各线缆紧固到位，线号无丢失；防毒面具齐全，无破封，且在有效期内。

## 7.4 车体及客室

**7.4.1** 司机室导流板无裂纹，紧固螺栓防松线清晰无错位，从车顶检查司机室头罩有无裂纹。

**7.4.2** 车体外表良好，漆膜无鼓包，无较大油漆损坏面积。

**7.4.3** 客室内天花板、地板、侧墙板安装牢固，无较大油漆损坏面积；地板布无破损、无起翘、无开裂。

**7.4.4** 玻璃安装牢固且无裂纹；用橡胶保护剂对胶条进行保养。

**7.4.5** 座椅底部盖板紧固螺钉齐全，无松动；座椅安装稳固，表面无明显损伤；屏风扶手及橡胶套安装稳固，状态良好。

**7.4.6** 门立柱、扶手状态安装稳固，无松动。

**7.4.7** 乘客紧急通话装置外观无破损，按钮翻盖无丢失。

**7.4.8** 摄像头安装及外观安装螺钉紧固，外观无破损。

**7.4.9** 液晶显示屏安装牢固，外观良好。

**7.4.10** 门驱盖板、侧顶盖板无较大油漆损坏面积。方孔锁紧固件紧固，防松标记清晰无错位，方孔锁锁闭到位。

**7.4.11** 客室灭火器状态检查内容与标准：
1 压力指针不在红色区域内，保险插销及铅封完好，灭火器固定牢固、绑带锁扣牢固、绑带无打结。
2 瓶身、喷头、软管、把手无破损。
3 灭火器在有效期内。

**7.4.12** 设备柜、电器柜门锁闭良好，无较大油漆损坏面积。

**7.4.13** 客室各类标签无丢失、无缺损。

**7.4.14** 灯罩无松脱，表面完好无裂纹，灯罩与车体安装框之间的缝隙小于安全值，灯罩内无异物、无渗水现象。

**7.4.15** 贯通道折棚外观无明显污渍，无破损，缝纫处无开裂脱线，尼龙搭扣粘接牢固。

**7.4.16** 贯通道踏板螺栓紧固到位，防松标记可见无错位，销轴及开口销无断裂、丢失；清洁贯通道内部垃圾。

**7.4.17** 客室侧门检查内容与标准：
1 车门页无较大脱漆面积，门玻璃无裂损，护指胶条安装牢固。
2 车门标识及其警示带无卷边起翘、无缺损丢失。
3 用橡胶保护剂对客室门玻璃密封胶条、护指胶条进行维护。
4 门驱盖板方孔锁紧固件无松动且转动灵活，防松标记清晰无错位；检查门驱盖板合页及接地线紧固件有无松动；动态地图机构紧固件无松动，防松标记清晰无错位，动态地图插头插接紧固。
5 平衡压轮安装座紧固件无松动，平衡轮转动灵活，无破损脱落，卡环无丢失，车门关到位时压轮应固定不动，在关门的过程中，压轮与门页无干涉。
6 门立柱盖板工艺卡扣无开扣松脱；门框压条紧固件无松动，防松标记清晰无错位。
7 挂架紧固件防松线清晰无错位，状态良好；挂架表面无裂纹、无变形。
8 长、短导柱紧固件防松线清晰无错位，安装座无裂纹，长、短导柱可见部分无刮痕、无生锈，卡环无丢失。
9 丝杆无明显刮痕痕迹，状态良好；固定座安装牢固，螺栓防松标记清晰无错位。
10 电机电缆外观无破损，接头牢固，绑扎牢固。
11 携门架组件外观良好无裂纹，紧固件无松动，防松标记清晰无错位。
12 螺母副挡块动作灵活，紧固件无松动，防松标记清晰可见无错位；调整螺母无松动，防松标记清晰无错位，卡环无松脱丢失。

13　坦克链电缆无损坏脱扣，安装座紧固螺栓齐全，防松线清晰无错位。

14　接线无松脱，线号齐全，行程开关安装螺栓防松线清晰无错位，在电动关闭车门状态下，测量上滚轮与铰链臂的斜面间隙是否在允许值之间，在开门状态下，用手按压上滚轮，行程开关应动作灵活，声音清脆。

15　隔离开关接线无松脱，线号齐全。紧固件防松标记清晰无错位，行程开关动作灵活。

16　紧急解锁开关接线无松脱，线号齐全，紧固件防松标记清晰无错位，行程开关动作灵活，将车门关闭并锁定，检查解锁钢丝绳是否松弛，要求有轻微的张紧力，否则，调整解锁钢丝绳螺母，将红色旋钮打在垂直位时车门应能打开。

17　开门止挡橡胶无破损、无脱落；支架无变形；紧固螺栓防松线清晰无错位。

18　上滑道无变形、擦伤；滚轮转动灵活、无破损，紧固件防松线清晰无错位。

19　下滑道内侧紧固螺栓无松动，同时下滑道端部内侧润滑良好。

20　外部解锁装置安装牢固，状态良好，能够解锁车门。

21　门槛及嵌块紧固件无松动。

22　门页挡销安装座紧固件无松动，防松标记清晰可见无错位。

23　门控器安装紧固，接线插头插接良好、电缆插头安装紧固，所有紧固件无松动，防松标记清晰可见无错位；端子排接线紧固到位，无烧焦痕迹，线号齐全。

24　两门页对中误差在安全范围之间。

25　清洁门系统机构，需要润滑的部件应进行润滑处理。

26　内外电钥匙开关门功能正常。

**7.4.18**　电器柜及设备柜检查内容与标准：

1　柜门锁紧固件无松动且转动灵活，防松标记清晰无错位。

2　接地线无断股，安装紧固。

3　开柜指示灯安装紧固，其行程开关动作灵活。

4　各旁路开关在分位，铅封完好，后面接线无松动、无毛刺、无虚接。

5　各微型断路器表面无烧焦痕迹，微型断路器除备用开关外皆在闭合位，接线无松动、无毛刺、无虚接。

6　数字硬盘刻录机、司机室控制主机安装牢固，轻摇各电缆连接插头无松动，电缆无破损。

7　DC330V电压表、DC110V电压表、里程计、小时计外观良好，均在有效期内。

8　各接触器、继电器、蓄电池熔断器、二极管外观良好，触点无熔蚀、无烧痕、无卡滞、无异味，各接线无松动、无毛刺、无虚接现象。

9　电气面板后部各设备安装牢固，手动轻微试拔各接线连接紧固，无松动、无毛刺、无虚接。

10　火灾报警控制器及其探头外观良好，安装牢固，电缆插头安装紧固。
11　各网络模块外观良好，无异味、无烧焦痕迹，手动轻微试拔模块上的插头无松动现象。
12　测速模块安装牢固，手动轻微试拔模块上的插头无松动现象。
13　方便插座安装牢靠。
14　端子排表面无异常、无异味、无烧焦痕迹，手动轻微试拔各接线连接紧固，无松动、无毛刺、无虚接。
15　悬浮监控模块外观良好，安装牢固，手动轻微试拔模块上的插头无松动现象。
16　使用吸尘器对柜内进行清洁。

## 7.5　走行机构

**7.5.1**　纵梁、片梁、托臂、抗侧滚扭杆等部件无可见裂纹，各螺栓紧固到位，防松线清晰无错位，开口销无丢失，开口角度正常，无折断。

**7.5.2**　高度阀状态检查内容与标准：
1　紧固件紧固，开口销无丢掉、断裂，防松标记清晰无错位。
2　连杆无弯曲变形，空簧充气状态高度阀处于垂直位置。

**7.5.3**　牵引座及其牵引杆紧固件紧固，防松标记清晰无错位；橡胶关节无老化、松脱。

**7.5.4**　空气弹簧状态检查内容与标准：
1　气囊防尘罩外观良好。
2　空气弹簧与滑台连接及防脱开钢丝绳的固定螺栓防松线清晰无错位。
3　防脱开钢丝绳螺栓连接牢固，钢丝绳无断股。

**7.5.5**　接地刷各紧固件紧固，防松标记清晰无错位。

**7.5.6**　扫石器状态安装牢固，防松标记清晰无错位；橡胶板未出现老化、开裂；在落车状态下，一侧橡胶板与铝感应板面接触，另一侧橡胶板与"F"轨滑撬面接触。

**7.5.7**　测速装置、雷达装置安装牢固，外观良好，螺栓防松标记清晰无错位。

**7.5.8**　车端减振装置安装牢固，螺栓防松标记清晰无错位，外观正常无漏油。

**7.5.9**　信号设备安装座安装牢固，螺栓防松标记清晰无错位。

**7.5.10** 停放制动滑撬安装牢固，螺栓防松标记清晰无错位，滑撬未磨耗到限。

**7.5.11** 支撑轮安装牢固，螺栓防松标记清晰无错位；轮子无异常磨耗，转动灵活，偶数次注油。

**7.5.12** 直线导轨无异常磨耗，并注油润滑。

**7.5.13** 迫导向装置状态检查内容与标准：
1 各连接杆无弯曲变形及可见裂纹。
2 各紧固件紧固，防松标记清晰无错位。
3 长、短装配，滑台装配加润滑油。

**7.5.14** 悬浮系统检查内容与标准：
1 悬浮控制器安装螺栓紧固到位，防松线清晰无错位；各连接器连接紧固；控制器接地线无断股。
2 悬浮传感器螺栓紧固到位，防松线清晰无错位；连接器连接紧固；清洁传感器本体，重新标定，并进行振动测试。
3 悬浮电磁铁线圈外观良好，各螺栓紧固到位，防松线清晰无错位；电缆无老化、烧焦、开裂、鼓包；电缆夹固定良好，电磁铁极板面进行除尘作业。

**7.5.15** 牵引电机检查内容与标准：
1 电机悬挂调节螺套无变形；衬套螺母无变形；紧固件紧固。
2 电机线圈外观良好，无擦伤；与感应板的间隙在额定范围内。
3 三相电缆无破损，外观正常，连接器无松动，线夹紧固。

## 7.6 受流系统

**7.6.1** 各主要部件和铰链系统无受损、裂纹、缺失、变形的零件或冲击零件。

**7.6.2** 导流线无断裂或松动。

**7.6.3** 滑板无断裂、无裂纹，厚度小于额定数值时需要更换。

**7.6.4** 绝缘子无裂缝、污渍或撞痕。

**7.6.5** 在任何状态下，导流线都不应被拉紧或与其他部件接触，单股的1/2以上出现断裂或超过整条编织线的10%出现单根断裂现象应更换。

**7.6.6** 受流器应能自由运动，无异响。

**7.6.7** 各紧固件紧固，防松标记清晰无错位。

**7.6.8** 测量集电头滑板上表面与绝缘子下表面之间的距离。如果距离大于安全值，对其进行调整。

**7.6.9** 升降靴气缸安装牢固，外观良好，气管无漏气；位置检测器外观良好，安装牢固。

### 7.7 车辆各电器箱及管线

**7.7.1** 牵引逆变器检查内容与标准：
1 牵引逆变器外观无变形、无裂纹，箱体无较大油漆破损面积。
2 箱体安装螺栓防松线清晰无错位。
3 前盖板及插头的密封条，保证密封条放置正确无损坏。
4 牵引逆变器接地线无松动、无断裂。
5 箱体焊缝如有裂纹需要维修。
6 各电气连接插及电缆连接紧固。
7 散热风扇护罩紧固，螺栓防松线清晰无错位，进风口无异物堵塞。
8 风扇叶片无裂纹，并清洁。
9 清洁方孔盖板的衬垫，用橡胶保护剂润滑衬垫。
10 方孔锁紧固件紧固，防松标记清晰无错位，方孔锁锁闭到位。
11 清洁箱体上各种标志、标签，要求字迹清晰无损坏，无缺失。
12 对牵引逆变器的内部进行清洁，确保无明显灰尘及杂物。
13 各电气设备及连接插连接紧固，紧固件防松线清晰无错位。
14 各电路板和元器件无破损，电容、电阻不鼓胀。
15 各电缆、铜排及连接插座安装紧固、接触良好，电缆线无破裂或磨损。
16 控制面板外观无破损，接线无松动，线缆无毛刺，安装牢固；各插头连接牢固。

**7.7.2** 电抗器检查内容与标准：
1 电抗器外观无破损、无变形、无裂纹，支撑架无破损、无变形、无裂纹，安装螺栓防松线清晰无错位。
2 清洁线圈表面及出线端无污垢、铁屑、杂物。
3 线圈表面绝缘无破损，线圈表面漆膜均匀，无绝缘层外翻翘起现象，线圈间绝缘垫块无松动。

4 对电抗器进行除尘，确保无明显灰尘及杂物。
5 清洁警告标志；标志、标签字迹清晰无损坏。

**7.7.3** 高压电器箱检查内容与标准：
1 箱体外观无变形、无裂纹，箱体无较大油漆破损面积。
2 安装螺栓防松线清晰无错位。
3 各电气连接插及电缆连接紧固。
4 高速断路器外观良好，安装牢固，螺栓防松线清晰无错位。

**7.7.4** 高压分线箱检查内容与标准：
1 箱体外观无变形、无裂纹，箱体无较大油漆破损面积。
2 安装螺栓防松线清晰无错位。
3 库用电源箱盖板锁闭良好。
4 避雷器外观无变形，无裂纹，箱体无较大油漆破损面积。
5 避雷器安装螺栓防松线清晰无错位。
6 闸刀开关安装座牢固，位置正确。

**7.7.5** 110V 和 330V 蓄电池箱检查内容与标准：
1 箱体外观无变形、无裂纹，箱体无较大油漆破损面积。
2 安装螺栓防松线清晰无错位。
3 各电气连接线外观良好，连接紧固。
4 清洁箱体上各种标志、标签，要求字迹清晰无损坏、无缺失。

**7.7.6** 悬浮电源箱检查内容与标准：
1 箱体外观无变形、无裂纹，箱体无较大油漆破损面积。
2 安装螺栓防松线清晰无错位。
3 前盖板及插头的密封条，保证密封条放置正确无损坏。
4 接地线无松动、无断裂。
5 箱体焊缝无裂纹。
6 外部各电气连接插连接紧固。
7 各元件外观良好，安装牢固，防松标记清晰无错位。
8 散热风扇护罩紧固螺栓防松线清晰无错位，进风口无异物堵塞；风扇叶片无裂纹，转动灵活，并清洁。
9 充电、短接接触器紧固螺栓无松动、无断裂；电缆或母排与接线端子无接触不良、无松动。
10 充放电电阻组件紧固螺栓无松动、无断裂；电缆与接线端子无接触不良、无松动；组件表面无变色严重，未出现断裂。

11 继电器组件紧固螺栓无松动、无断裂；电缆与接线端子无接触不良、无松动。

12 电流/电压传感器紧固螺栓无松动、无断裂；电缆与接线端子无接触不良、无松动。

13 滤波电容紧固螺栓无松动、无断裂；电缆与接线端子无接触不良、无松动；电容器未出现漏液、鼓胀。

14 清洁并润滑方孔盖板的衬垫；方孔锁紧固件紧固，防松标记清晰无错位，方孔锁锁闭到位。

15 清洁箱体上各种标志、标签，要求字迹清晰无损坏、无缺失。

**7.7.7** DC330V 分线箱检查内容与标准：

1 箱体外观良好，名牌无丢失，无油漆破损面积；安装螺栓防松线清晰无错位。

2 外部各电缆外观良好，连接紧固。接地线无断股，连接牢固。

**7.7.8** 辅助逆变器检查内容与标准：

1 箱体外观无变形、无裂纹，箱体无较大油漆破损面积。

2 安装螺栓防松线清晰无错位。

3 前盖板及插头的密封条放置正确无损坏。

4 接地线无松动、无断裂。

5 箱体焊缝无裂纹。

6 外部各电气连接插连接紧固。

7 充电、短接接触器紧固螺栓未出现松动、断裂；电缆或母排与接线端子无接触不良、无松动。

8 充放电电阻组件紧固螺栓未出现松动、断裂；电缆或母排与接线端子未出现接触不良、无松动；电阻组件表面未出现变色严重、断裂。

9 继电器组件紧固螺栓未出现松动、断裂；电缆或母排与接线端子无接触不良、无松动。

10 电流/电压传感器紧固螺栓未出现松动、断裂；电缆或母排与接线端子无接触不良、无松动。

11 滤波电容紧固螺栓未出现松动、断裂；电缆与接线端子无接触不良、无松动；滤波电容外形未出现漏液、鼓胀。

12 散热风扇护罩紧固螺栓防松线清晰无错位，进风口无异物堵塞；风扇叶片无裂纹，转动灵活。

13 对风扇叶片进行清洁。

14 清洁方孔锁盖板的衬垫，用橡胶保护剂润滑衬垫；方孔锁紧固件紧固，防松标记清晰无错位，方孔锁锁闭到位。

15 清洁箱体上各种标志、标签，要求字迹清晰无损坏、无缺失。

## 7.8 车钩缓冲系统

**7.8.1** 车钩整体及电气钩头触点清洁内容与标准：
1 清洁车钩钩身、风管接头的套筒和垫片、电动车钩头操作装置导向杆。
2 用滑石粉擦拭橡胶框。
3 按压电动车钩头可动触头功能，动作灵活，能自动复位。

**7.8.2** 车钩整体状态检查内容与标准：
1 车钩的底座、缓冲装置、支撑弹簧、对中装置、卡环连接件等重点部位外观无异常损坏，各紧固件无松动，防松标记清晰无错位。
2 接地线无破损，紧固件无松动，防松标记清晰无错位。
3 各管路接头紧固无漏气，阀门位置正确。
4 钩头电气装置、机械部件表面无损坏裂纹，电动车钩头操作装置状态正常。
5 各紧固件无松动，防松标记清晰无错位。

**7.8.3** 车钩头润滑检查内容与标准：
1 润滑钩舌前部及钩板、钩板槽。
2 注油孔注入适量润滑脂，中心枢轴下部与钩头连接缝隙处至溢出为止。
3 检查车钩卡环连接件安装孔是否有润滑脂，润滑脂是否将下方安装孔覆盖，如没有则涂满润滑脂。
4 车钩机械钩头面、外锥体和内锥体的防腐层，如有小面积脱落开裂，清理后用保护漆修复脱落开裂部分；如有大面积脱落开裂，清理掉所有防腐层后刷保护漆，要求防腐层表面均匀。电动车钩头操作装置接点和转动点用润滑油润滑。

**7.8.4** 高度、倾斜度检测。测量全自动车钩中心距轨面或垂向滑撬支撑面高度，车钩钩舌中心点距轨顶面距离；将水平尺置于全自动车钩上表面来检测车钩倾斜度，观察是否水平，否则，调节支撑弹簧。

**7.8.5** 使用水平仪进行检查，气泡处于上下刻度之间则不需要进行调整，否则，调节支撑弹簧。

**7.8.6** 半永久牵引杆跳接电缆箱安装紧固，电缆外观良好，电缆的电气连接插头与电钩箱连接紧固。

## 7.9 制动与供风系统

**7.9.1** 制动单元检查内容与标准：
1 制动夹钳表面无裂损，紧固螺栓防松线清晰无错位；安装牢固，无断裂，卡环无丢失，安装销无松脱；液压管路无破裂、无漏油。
2 检查制动夹钳磨损情况，开口销安装状态。夹钳与"F"轨之间应安装严密，否则，重新调整夹钳。闸片厚度未达到限度标记，若达到限度标记则更换，开口销无丢失，开口角度正常。

**7.9.2** 供风系统检查内容与标准：
1 风源模块各部件外观正常，各阀门位置正确，悬挂螺母无松动，防松标记清晰无错位，各管路无漏气。
2 各风缸紧固螺母无松动，防松标记清晰可见无错位，风缸下部阀门在垂直管路状态，连接管路无漏气。
3 紧固件紧固，防松线清晰无错位，油缸无漏油。
4 空气管路安装牢固，接口处无漏气。

## 7.10 列车有电功能检查

**7.10.1** 检查 HMI 显示屏。屏幕显示清晰，无花屏、卡屏、黑屏。触击主画面功能按钮"事件信息""设置""维护""网络拓扑"及各个子系统触摸灵敏，相应的图标显示正确。

**7.10.2** 司机台功能检查内容与标准：
1 按下电笛按钮，要求电笛能够正常鸣响。
2 主控手柄在牵引、制动、快制不同位置下，HMI 主界面显示的牵引/制动参考值及柱状图与手柄位置相符。
3 刮雨器低速、高速、间歇、喷淋点动喷水功能正常。
4 灯测试正常。
5 受流器起复功能正常，HMI 图标对应显示正确。

**7.10.3** 照明系统检查内容与标准：
1 方向手柄置"零""前""后"位，本端红色运行灯、尾灯亮。
2 将头灯旋钮开关分别置"近光""远光"位，对应近光灯、远光灯分别亮起。
3 将客室照明开关依次打至合位、分位，检查各车紧急照明及正常照明。柜门打开时检修灯亮，关闭时灯灭。

4 司机室照明开关依次打至合位、分位检查司机室照明情况；检查司机室速度表灯、双针压力表指示灯照明情况。

**7.10.4** 车门系统检查内容与标准：
1 按压左右侧开关门按钮，开、关门顺畅，观察开关门速度应基本同步，无异常声音，车门状态与 HMI 图标显示一致，开关门过程中下挡销与门槛无碰撞。
2 开门时黄色指示灯亮。
3 关门时黄色指示灯闪烁，且扬声器发出警告音，门关好后持续响声不超过 2s。
4 用防夹块放在两个门页之间，测试门页间上、中、下 3 处防夹功能，车门碰到防夹块时将会自动开门，在预设的时间标准内再关门，如此循环重复 3 次后，车门将完全打开，橙色指示灯常亮。HMI 观察已经触发防夹功能的车门显示图标为防夹图标。
5 车门切除功能正常。

**7.10.5** 高速断路器闭合后指示灯亮，HMI 图标显示绿色；断开后 HMI 相应按钮指示灯亮，HMI 图标显示灰色。

**7.10.6** 按压浮起按钮各悬浮架浮起，本身指示灯亮，悬浮电流、悬浮间隙及温度都在正常范围内，在悬浮详细界面能看到相应的间隙数据。按压降落按钮各悬浮架降落。

**7.10.7** 按压支撑轮升起按钮其本身指示灯亮，按压支撑轮收起按钮其本身指示灯亮，在悬浮详细界面能看到相应的间隙数据。

**7.10.8** 乘客信息系统检查内容与标准：
1 任何一个司机室都能发起司机对讲，对讲时司机室扬声器声音清晰无噪声。司机对讲、乘客对讲、监听音量及人工广播功能正常。
2 当有乘客对讲需求时，HMI 逻辑显示正确，监听音量应能在范围内任意调节。
3 进行人工广播时，客室各个扬声器均能清晰地听到广播内容，声音大小合适。
4 能任意选择两个站进行线路设置，目的地显示屏和客室动态地图无黑屏、花屏现象，显示内容与设置线路一致。
5 LCD 显示屏功能正常，无花屏、卡屏现象。
6 客室和司机室监控状态能在视频监控屏上进行正常显示，切换流畅，能轮巡监控。
7 在视频监控触摸屏上开启 LCD 屏，LCD 能进行正常播放，播放模式能进行正常切换且播放正常。
8 启动乘客紧急报警，查看是否启动紧急联动功能。

**7.10.9** 火灾报警系统检查内容与标准：
1 烟感、温感混合探测器不报警时，正常为绿色闪亮；报警时为红色常亮。

  2 火警控制器显示屏显示正常，各功能按钮能实现相应功能。
  3 使用烟雾发生器测试每节车烟感、温感混合探测器，触发后司机室听到报警声，HMI上显示位置正确。

**7.10.10** 空调系统检查内容与标准：
  1 司机室通风单元风速选择开关、模式选择开关、温度开关功能正常，风量输送正常。
  2 足部取暖功能正常，无烧焦异味。
  3 空气净化器指示灯显示正常。
  4 按下空调开及Mc车空调启动相应按钮，HMI空调图标应显示为对应状态。
  5 按下空调关按钮，空调应能停止工作。
  6 各客室送风口有风送出，制冷、制热、紧急通风功能正常。

**7.10.11** 供风系统检查内容与标准：
  1 空压机运转过程中无异常声音及振动。
  2 排水管无堵塞。
  3 司机室双针压力表指向正常，并检查各管路接头气密性。

**7.10.12** 制动系统检查内容与标准：
  1 制动手柄调整下压力读数处于正常范围。
  2 拍下紧急制动按钮，列车产生紧急制动；拍下非常制动按钮，列车产生紧急制动且悬浮架落下。
  3 缓解紧急制动，确认自检通过，记录自检时间。

**7.10.13** 辅助、牵引、悬浮电源、空压机风机运行正常，无异响。

**7.10.14** 数据下载功能正常。

**7.10.15** 动车调试情况下车辆状态无异常。

**条文说明**

  车辆的三月检工作完成后，对车辆的整体状态和各个部件要进行调试和试验，以确定车辆各个部件进行维修和调整后处于良好状态。

# 8 定修

## 8.1 一般要求

**8.1.1** 车辆进行定修维护时应对车辆各系统进行全面的维护检修。

**8.1.2** 定修应对车辆的各系统状态检查、检测、检修；各部件全面检查、清洁、润滑，以及部分部件的修理及列车的调试，并做好检查记录。

**条文说明**

定修是车辆运行一年或预定里程后进行的较为全面的检查工作，主要进行车辆的各系统状态检查、检测、检修，各部件全面检查、清洁、润滑，以及部分部件的修理及列车的调试。

## 8.2 空调

**8.2.1** 更换混合风和新风过滤网；滤网卡扣及定位销无丢失，转动灵活。

**8.2.2** 空气净化装置安装牢固，外观无损坏，电气线缆无破损。

**8.2.3** 排水槽排水顺畅，无堵塞。

**8.2.4** 电加热器安装牢固，外观无损坏，电气线缆无破损。

**8.2.5** 送风机功能检查内容与标准：
1 安装座无裂损，各螺栓防松线清晰无错位，送风机转轴可见部分无裂纹、变形。
2 拨动叶片正反转，转动灵活，无异响，清洁叶片；管路各连接处的密封性正常；各管路无明显泄漏，无泄漏剂。

**8.2.6** 检查视液镜颜色。正常为绿色；不正常为黄色及其他颜色。

**8.2.7** 冷凝风机单元检查内容与标准：

1 导流格栅无断裂，冷凝风机扇叶无裂纹、无变形，转动灵活，接线盒安装牢固，冷凝室中外露电源线和控制线无破损，与其他部件无干涉。

2 冷凝腔可见部件外观良好，紧固件紧固，防松线清晰无错位。

**8.2.8** 空调冷凝腔盖板、送风腔、蒸发腔盖板、轴销状态。各盖板无裂纹、无变形，盖板紧固件防松线清晰无错位，无裂纹、无脱焊，轴销无脱出，盖板支撑杆功能正常、固定到位。

**8.2.9** 清洁新风格栅、蒸发器、冷凝器和冷凝腔内部，要求清洗后干净整洁。

**8.2.10** 保温棉、密封胶无脱落、无缺损。

**8.2.11** 三类传感器检查内容与标准：

1 传感器安装牢固，电缆连接可靠。

2 清洁新风、回风、送风温度传感器。

**8.2.12** 主回路、控制回路连接器无松动，外观无破损。

**8.2.13** 空调机组机壳体外观无损坏。

**8.2.14** 机组减振装置无损坏，机组紧固螺栓防松线清晰无错位。

**8.2.15** 冷凝器、蒸发器散热片无变形，清洁异物。

**8.2.16** 各盖板盖好，锁到位，标记对齐，压板安装可靠、螺栓防松线清晰无错位，盖板无法弹开。

**8.2.17** 废排装置外观无裂纹，螺栓无松动，铆钉无脱落，废排口无异物黏附。

**8.2.18** 清洁机组滴水盘、排水孔，保证滴水盘、排水孔无杂物，排水顺畅。

**8.2.19** 空调机组管路安装牢固。

**8.2.20** 空调控制盘及紧急逆变器安装螺栓防松线清晰无错位，外观无破损；各电缆、插头连接无松动，对控制盘内的器件表面进行清洁。

## 8.3 司机室

**8.3.1** 司机室前窗玻璃表面无裂纹，安装牢固。

**8.3.2** 通风单元电加热器、通风机、接触器、旋钮开关接线紧固无松动，清洁电器元件；司机室通风百叶无缺失、无破损，转动正常。

**8.3.3** 刮雨器安装牢固，检查紧固件是否松动；刮雨器水管无裂损；电机、驱动连杆部件完好，紧固件无松动，防松标记清晰无错位；控制盒安装紧固，电缆插头连接良好；摆臂及刮片外观无破损。

**8.3.4** 水箱外观无破损，喷水管无泄漏，并将水加满。

**8.3.5** 天花板、各墙面、地板、设备柜、电器柜、司机台安装牢固，无较大油漆损坏面积；地板布无起翘及开裂。

**8.3.6** 足部取暖器安装牢固，外观正常。

**8.3.7** 茶杯托安装牢固，外观正常。

**8.3.8** 司机室各开关、按钮安装牢固，标识齐全；仪表外观无破损，且在有效期内。

**8.3.9** 司机室侧门检查内容与标准：
  1 客室侧门油漆无较大损坏面积，门玻璃无裂损，安装牢固。
  2 侧门外部解锁装置安装牢固，位置正常，盖板无丢失。

**8.3.10** 司机台下灭火器状态检查内容与标准：
  1 压力指针不在红色区域内，保险插销及铅封完好，灭火器在有效期内，且固定牢固、绑带锁扣牢固、绑带无打结。
  2 瓶身、喷头、软管、把手无破损。

**8.3.11** 遮阳帘支架安装牢固，无损坏，收放灵活，拉动遮阳帘应能在任一位置定位。

**8.3.12** 司机座椅检查内容与标准：
  1 座椅调整功能正常，状态良好，外观无破损，与地板连接的螺栓防松线清晰无错位。

  2 对靠背与扇形齿之间，靠背手柄弹簧，升降移动平槽内，前后移动手柄复位弹簧，前后移动滑轨之间，座托架与升降架前后连接处，剪刀升降架等座椅部件进行润滑。

**8.3.13** 通道门（含门锁、合页、胶条）外观无破损，安装牢固，开关门功能正常，锁闭功能正常，锁闭后，间隔门无松动，窥视镜/间隔门玻璃安装良好，无破损、无丢失，脱漆无较大损坏面积、无裂纹、无较大刮伤，止挡无松动。

**8.3.14** 司机室侧窗及玻璃安装牢固，玻璃无裂纹。

**8.3.15** 摄像头安装螺钉紧固，外观无破损。

**8.3.16** 视频监控触摸屏安装螺钉紧固，外观无裂纹、无刮伤，表面无污垢。

**8.3.17** HMI 显示屏安装螺钉紧固，外观无裂纹、无刮伤。

**8.3.18** 设备柜、电器柜锁闭良好。

**8.3.19** 旁路开关铅封完整，开关位置正确。

**8.3.20** 对前窗玻璃、侧窗玻璃密封胶条进行保养。

**8.3.21** 电笛表面无损伤、无裂纹，各紧固件防松线清晰无错位。

**8.3.22** 目的地显示屏表面无损伤、无裂纹，安装牢固，防松线清晰无错位。

**8.3.23** 司机室照明灯盖板无裂纹，紧固螺栓安装稳固，无丢失。

**8.3.24** 司机室内部无明显刮痕，无较大脱漆损坏面积。

**8.3.25** 司机控制器主控锁锁芯转动灵活，无卡滞、无异响。

**8.3.26** 司机控制器手柄外观良好，胶帽无松脱，方向手柄及主控手柄在各个挡位之间转动灵活，无机械卡阻现象，二者逻辑正确。

**8.3.27** 司机控制器手柄互锁功能正常。

**8.3.28** 司机台盖板螺栓防松线清晰无错位,盖板外观无破损,盖板毛刷状态良好,且毛刷保有量不少于规定量。

**8.3.29** 司机控制器各零部件无变形、无过热痕迹;手动检查电气连接是否牢固,电线无破损,钢丝绳无断股。

**8.3.30** 司机控制器主控锁行程开关接线牢固,动作灵活。

**8.3.31** 清洁司机控制器箱体,要求无异物。

**8.3.32** 司机控制器触头内部及滚轮架(包括滚轮滚动)的动作灵活。

**8.3.33** 对司机控制器钢丝绳与外套进行润滑。

**8.3.34** 司机控制器标识符号应齐全、完整、清晰、正确。

**8.3.35** 司机控制器"向前""向后""牵引""制动"标识符号齐全、完整、清晰、正确。

**8.3.36** 司机台下柜电缆插头紧固到位;端子排无异常,各线缆紧固到位,线号无丢失;防毒面具齐全,无破封,且在有效期内。

## 8.4 车体及客室

**8.4.1** 司机室导流板无裂纹,紧固螺栓防松线清晰无错位,司机室玻璃钢头罩无裂纹。

**8.4.2** 悬浮架外侧围板无裂纹,紧固螺栓防松线清晰无错位,无较大油漆损坏面积。

**8.4.3** 车体外表良好,漆膜无鼓包,无较大油漆损坏面积。

**8.4.4** 客室内天花板、地板、侧墙板安装牢固,无较大油漆损坏面积;地板布无破损、起翘、开裂。

**8.4.5** 玻璃安装牢固且无裂纹,对胶条进行保养。

**8.4.6** 座椅底部盖板紧固螺钉齐全、无松动;座椅安装稳固,表面无明显损伤;屏风扶手及橡胶套安装稳固，表面无明显损伤。

**8.4.7** 门立柱、扶手状态安装稳固，无松动。

**8.4.8** 乘客紧急通话装置外观无破损，按钮翻盖无丢失。

**8.4.9** 摄像头安装及外观安装螺钉紧固，外观无破损。

**8.4.10** 检查LCD动态地图安装是否牢固，外观是否良好，手动检查各电缆插头有无松动。使用微湿的软布轻轻擦拭LCD外表面。

**8.4.11** 门驱盖板、侧顶盖板、门立柱罩、侧墙板检查内容与标准：
1 侧顶盖板方孔锁功能良好。
2 门驱盖板、侧顶盖板、门立柱盖板、侧墙板无明显污迹。
3 门驱盖板、侧顶盖板、门立柱盖板、侧墙板无较大油漆损坏面积。
4 门驱盖板、侧顶盖板锁闭良好，不能被拉开。
5 门驱盖板、侧顶盖板在锁闭情况下，用手推拉盖板，无异响或晃动现象。

**8.4.12** 客室侧顶挡条安装紧固，外观无破损。

**8.4.13** 客室灭火器状态检查内容与标准：
1 灭火器在有效期内，压力指针不在红色区域内，保险插销及铅封完好，灭火器固定牢固、绑带锁扣牢固、绑带无打结。
2 瓶身、喷头、软管、把手无破损。
3 瓶身清洁无明显积尘，否则进行清洁，灭火器支架牢靠无破损。

**8.4.14** 设备柜、电器柜门锁闭良好，无较大油漆损坏面积。

**8.4.15** 客室各类标签无丢失、无缺损。

**8.4.16** 灯罩无松脱，表面完好无裂纹，灯罩与车体安装框之间的缝隙小于2mm，灯罩内无异物、无渗水现象。

**8.4.17** 贯通道客室内部状态检查内容与标准：
1 侧护板、顶板、渡板、踏板安装牢固，无干涉、无变形，渡板、踏板无起翘，漆膜无较大损坏面积。
2 卸下贯通道侧护板，检查中间护板与边护板有无干涉，侧护板漆膜有无较大损坏面积。

**8.4.18** 贯通道折棚安装牢固，连接紧密，无开线、无破损。

**8.4.19** 贯通道折棚内部安装牢固，连接紧密，无破损；缝纫处状态良好，胶粘牢固。

**8.4.20** 橡胶挡尘板无较大裂口。

**8.4.21** 折棚锁闭机构状态检查内容与标准：
1 各紧固螺钉无松脱，对接框各部件安装正确、密封良好。
2 打开折棚检查所有对接框的对接尼龙导向座有无破损、安装是否稳固，紧固螺钉防松线是否清晰无错位。

**8.4.22** 下安装座、锁闭装置检查内容与标准：
1 下安装座安装牢靠，紧固件防松线清晰无错位，轴套无变形、无丢失，插销孔装置转动灵活。
2 锁闭装置锁闭正常，无卡滞。

**8.4.23** 踏板、渡板状态检查内容与标准：
1 安装正确，无裂纹。
2 踏板组成折页打开灵活，各安装螺母紧固到位，如有松脱需要重新紧固。
3 渡板磨耗条安装铆钉齐全，磨耗条无损坏，各安装孔的铆钉底面低于磨耗条底面，折页状态良好，安装紧固。
4 渡板槽形锁弹簧状态良好，安装紧固。

**8.4.24** 渡板连杆检查内容与标准：
1 渡板连杆安装架安装牢靠，转动灵活，无变形。
2 连杆机构动作灵活，弹簧无脱落、破损，卡簧、开口销无丢失，各紧固螺钉无松脱，尼龙轴套状态良好。
3 对转动机构各关节轴承进行润滑。

**8.4.25** 踏板支撑安装牢固，状态良好。

**8.4.26** 贯通道折棚清洁后要求无异物。

**8.4.27** 上述作业完成后，检查贯通道外观状态，要求安装紧固，状态良好。

**8.4.28** 客室侧门检查内容与标准：

1 车门页无较大脱漆面积，门玻璃无裂损，护指胶条安装牢固。

2 车门标识及其警示带无卷边起翘、无缺损丢失。

3 用橡胶保护剂对客室门玻璃密封胶条、护指胶条进行保养。

4 门驱盖板方孔锁紧固件无松动且转动灵活，防松标记清晰无错位；门驱盖板合页及接地线紧固件无松动。

5 平衡压轮安装座紧固件无松动，平衡轮转动灵活，无破损脱落，卡环无丢失，车门关到位时压轮应固定不动，在关门的过程中，压轮与门页无干涉。车门打开后压轮转动灵活，门关闭好后压轮台阶与压轮槽台阶间距在额定范围内，压轮外径表面和门页表面不干涉，且压轮不能转动。

6 门立柱盖板工艺卡扣无开扣松脱；门框压条紧固件无松动，防松标记清晰无错位。

7 机架紧固件防松线清晰无错位，状态良好，挂架表面无裂纹、无变形。

8 长、短导柱紧固件防松线清晰无错位，安装座无裂纹；长、短导柱可见部分无刮痕、无生锈，卡环无丢失。

9 丝杆无明显刮痕，状态良好；固定座安装牢固，螺栓防松标记清晰无错位。

10 电机电缆外观无破损，接头牢固，绑扎牢固。

11 携门架组件外观良好无裂纹，紧固件无松动，防松标记清晰无错位。

12 螺母副挡块动作灵活，紧固件无松动，防松标记清晰可见无错位；调整螺母无松动，防松标记清晰无错位，卡环无松脱丢失。

13 坦克链电缆无损坏脱扣，安装座紧固螺栓齐全，防松线清晰无错位。

14 接线无松脱，线号齐全，行程开关安装螺栓防松线清晰无错位，在电动关闭车门状态下，测量上滚轮与铰链臂的斜面间隙在额定值范围内；在开门状态下，用手按压上滚轮，行程开关应动作灵活，声音清脆。

15 隔离开关接线无松脱，线号齐全；紧固件防松标记清晰无错位，行程开关动作灵活。

16 紧急解锁开关接线无松脱，线号齐全；紧固件防松标记清晰无错位，行程开关动作灵活，将车门关闭并锁定；解锁钢丝绳无松弛，有轻微的张紧力，否则调整解锁钢丝绳螺母；将红色旋钮打在垂直位时车门应能打开。

17 开门止挡橡胶无破损、无脱落；支架无变形；紧固螺栓防松线清晰无错位。

18 上滑道无变形、擦伤；滚轮转动灵活，无破损，紧固件防松线清晰无错位。

19 下滑道内侧紧固螺栓无松动，端部内侧润滑良好。

20 下摆臂滑道无变形，安装紧固，表面无裂纹，下摆臂滚轮上表面高于下滑道下表面，摆臂滚轮转动灵活，卡环无丢失，滚轮润滑良好。

21 下挡销安装牢固，开关门过程中与门槛无干涉，挡销末端和挡块底部之间的距离在额定范围内，挡销与门槛挡块内侧间隙在额定范围内。

22 外部解锁装置安装牢固，状态良好，能够解锁车门。

23 门槛及嵌块紧固件无松动。

24 门页挡销安装座紧固件无松动，防松标记清晰可见无错位。

25 门控器安装紧固，接线插头插接良好、电缆插头安装紧固，所有紧固件无松动（包括接地线紧固件），防松标记清晰可见无错位；端子排接线紧固到位、无烧焦痕迹、线号齐全。

26 两门页对中误差范围在安全之间。

27 清洁门系统机构，对需要润滑的部件应进行润滑处理。

28 内外电钥匙开关门功能正常。

**8.4.29** 电器柜及设备柜检查内容与标准：

1 柜门锁紧固件无松动且转动灵活，防松标记清晰无错位。

2 接地线无断股，安装紧固。

3 开柜指示灯安装紧固，其行程开关动作灵活。

4 各旁路开关在分位，铅封完好，后面接线无松动、无毛刺、无虚接。

5 各微型断路器表面无烧焦痕迹，微型断路器开关皆在闭合位，接线无松动、无毛刺、无虚接。

6 数字硬盘刻录机、司机室控制主机安装牢固，轻摇各电缆连接插头无松动，电缆无破损。

7 DC330V电压表、DC110V电压表、里程计、小时计外观良好。

8 各接触器、继电器、蓄电池熔断器、二极管外观良好，触点无溶蚀、无拉弧、无卡滞，手动轻微试拔各接线无松动、无毛刺、无虚接现象。

9 电气面板后部各设备安装牢固，手动轻微试拔各接线连接紧固，无松动、无毛刺、无虚接。

10 火灾报警控制器及其探头外观良好，安装牢固，电缆插头安装紧固。

11 各网络模块外观良好，无异味、无烧焦痕迹，手动轻微试拔模块上的插头无松动现象。

12 测速模块安装牢固，手动轻微试拔模块上的插头无松动现象。

13 方便插座安装牢靠。

14 端子排表面无异常、无异味、无烧焦痕迹，手动轻微试拔各接线连接紧固，无松动、无毛刺、无虚接。

15 悬浮监控模块外观良好，安装牢固，手动轻微试拔模块上的插头无松动现象。

16 各接触器、继电器外观良好，触点无溶蚀、无拉弧、无卡滞，手动轻微试拔各接线连接紧固，无松动、无毛刺、无虚接。

17 对柜内进行清洁。

**条文说明**

重要电器箱进行开箱检查，所有电器接口需要拆卸，进行保养后重新连接。

## 8.5 走行机构

**8.5.1** 检查纵梁、片梁、托臂、抗侧滚吊杆。各部件无可见裂纹，各螺栓紧固到位，防松线清晰无错位，开口销无丢失，开度60°，无折断。

**8.5.2** 悬浮架单元检查内容与标准：
1 模块装配各部件表面无裂纹、无变形、无腐蚀，铭牌安装牢固，无缺失，无较大脱漆损坏面积，与模块装配相连的部件位置正确、安装牢固，无缺失。模块上各部件无明显油污、灰尘聚积。
2 对悬浮架所有的紧固螺栓进行检查，重点检查悬浮架关键零部件的紧固状态，其中包括：纵梁联接螺栓、抗侧滚梁联接螺栓、电机悬挂螺栓、牵引装置紧固螺栓、基础制动装置紧固螺栓、悬浮电磁铁托臂连接座安装螺栓和滑台联接螺栓等。
3 牵引杆组装以及牵引座无明显损坏，包括磨损、裂纹、变形或可见腐蚀；牵引拉杆紧固螺母防松线清晰无错位。
4 牵引杆向心关节轴承转动灵活，否则更换。
5 检查牵引杆橡胶关节有无裂纹或永久变形，若有则更换。

**8.5.3** 电机悬挂装置检查内容与标准：
1 电机悬挂调节螺套无变形；衬套螺母无变形，紧固件紧固。
2 检查电机线圈。电机线圈外观良好，无擦伤；与感应板的间隙大于5mm，检查线圈有无发黑、碰撞、接地或绝缘损坏的现象。检查铁芯有无与轨道碰撞的现象。检查槽楔有无松动的现象。
3 三相电缆无破损，外观正常，连接器无松动，线夹紧固。

**8.5.4** 悬浮架单元管路检查内容与标准：
1 管夹无裂损，否则更换。
2 管路无变形，否则更换。
3 管座无变形，否则更换。
4 管接头无损坏，否则更换。
5 对悬浮架空气管路组装后进行气密性试验。
6 对支撑轮液压管路、制动液压管路在组装完成后进行密封性试验，整个试验过程要求无明显液体泄漏。

**8.5.5** 空气弹簧检查内容与标准：
1 气囊防尘罩外观良好。
2 空气弹簧与滑台连接及防脱开钢丝绳的固定螺栓防松线清晰无错位。

3 打开防尘罩，空气弹簧内部橡胶无老化、裂纹、磨损。

**8.5.6** 应急支撑轮检查内容与标准：
1 螺钉和六角螺母无松动或缺失。
2 检查支撑轮有无变形、磨耗到限或卡滞等出现。一旦损坏，按照相关手册替换缺陷部件。
3 轮子无异常磨耗，转动灵活。

**8.5.7** 停放制动滑撬检查内容与标准：
1 螺钉和六角螺母无松动或缺失；滑撬磨耗无到限、崩缺或缺失等现象，一旦损坏，按照相关手册替换缺陷部件。
2 当完成悬浮架与车体的组装后，根据直线电机与感应板的间隙要求，通过增减调整垫，保证直线电机与感应板为额定间隙。

**8.5.8** 防脱开装置检查内容与标准：
1 钢丝绳无破损，否则更换。
2 压紧端子无松动、脱落，否则更换。
3 螺栓、螺母无松动、脱落，否则更换。
4 钢丝绳保护套无破损，否则更换。

**8.5.9** 迫导向装置检查内容与标准：
1 各连接杆无弯曲变形及可见裂纹。
2 各紧固件紧固，防松标记清晰无错位。
3 对长、短装配，滑台装配进行润滑。

**8.5.10** 接地刷检查内容与标准：
1 接地刷磨损未到限，否则更换。
2 接地刷板无裂纹，否则更换。
3 检查接地刷安装螺栓有无松动或变形，若有则紧固或更换。

**8.5.11** 扫石器检查内容与标准：
1 所有扫石器橡胶板无损坏，否则更换。
2 所有紧固件无变形，否则更换。
3 扫石器安装座无变形、裂纹，否则更换。

**8.5.12** 测速定位装置检查内容与标准：
1 测速传感器距轨枕面应在额定高度。

2 螺钉和六角螺母无松动或缺失。如有必要，按照相关手册重新紧固松动的紧固件或更换缺失的紧固件。
3 测速定位传感器安装座无变形或裂纹，否则更换。

**8.5.13** 雷达装置检查内容与标准：
1 雷达装置各安装零部件无损坏、裂纹、变形、松动和缺少，对破损的零部件应更换。
2 对雷达装置安装所有的紧固螺栓进行检查，确保所有紧固螺栓状态良好，紧固可靠。
3 检查所有橡胶部件有无裂纹和膨胀。

**8.5.14** 高度阀检查内容与标准：
1 紧固件紧固，开口销无丢掉、断裂，防松标记清晰无错位。
2 连杆无弯曲变形，空簧充气状态时高度阀处于垂直位置。

**8.5.15** 移动滑台、固定滑台检查内容与标准：
1 滑台防松线清晰无错位。
2 滑台无变形、无裂纹。
3 移动滑台移动杆保护套安装正确，无裂纹。

**8.5.16** 车端减振装置安装牢固，螺栓防松标记清晰无错位；外观正常无漏油。

**8.5.17** 列车自动运行（Automatic Train Operation，以下简称"ATO"）系统发送天线和ATP/ATO系统接收天线表面无损伤、无裂纹，各紧固件防松线清晰无错位。

**8.5.18** 测量地板面高度，符合额定高度。

**8.5.19** 悬浮系统检查内容与标准：
1 悬浮控制器连接器防松检查；控制器安装紧固件防松；控制器箱体对外电连接是否有缩针现象；控制器接地端子防松；风机及风道除尘。
2 悬浮传感器连接器防松检查；紧固件防松检查；连接器缩针检查；外部清洁，重新标定，振动测试。
3 电磁铁检查紧固件上的标记。螺钉和六角螺母无松动或缺失。如有必要，按照相关手册重新紧固松动的紧固件或更换缺失的紧固件；无变形、损伤性腐蚀等出现，一旦损坏，按照相关手册替换缺陷部件。接地电缆上无热应力、接合损坏或腐蚀等出现，否则立即替换受损电缆。悬浮电磁铁表面除尘。

**条文说明**

悬浮控制器和悬浮传感器建议采用专用检测仪器进行测试，悬浮电磁铁重点检查密封性。

## 8.6 受流系统

**8.6.1** 受流器本体及其各主要部件和铰链系统无受损、无裂纹、无缺失、无变形的零件或冲击零件。

**8.6.2** 导流线无断裂或松动，在任何状态下，导流线都不应被拉紧或与其他部件接触，单股的 1/2 以上出现断裂或超过整条编织线的 10% 单根出现断裂现象应更换。

**8.6.3** 滑板无断裂、无裂纹，厚度不小于限定值；滑板崩边的同时，在滑板底部出现裂纹则不论崩边多大都应立即更换；若滑板出现裂纹，且贯通到了托架，则应立即更换；若滑板仅表面有裂纹则无须更换。

**8.6.4** 绝缘子无裂缝、污染或撞痕。

**8.6.5** 受流器各铰接部位应能自由运动，无异响。

**8.6.6** 受流器紧固螺栓和连接部件以及电气连接无松动，如有松动则紧固。

**8.6.7** 按压受流器集电头，集电头运动自由。

**8.6.8** 受流器最大伸展高度不大于额定值。

**8.6.9** 滑板支架与上框架之间连接无松动，如有松动则紧固。

## 8.7 车辆各电器箱及管线

**8.7.1** 牵引逆变器检查内容与标准：
1 牵引逆变器箱体外观无变形、无裂纹，箱体无较大油漆破损面积。
2 箱体安装螺栓防松线清晰无错位，各电气连接插连接紧固。
3 变流器紧固螺栓防松线清晰无错位，散热模块及护罩外观无裂纹、无异物堵塞、无缺块；散热器无积灰，若积灰严重应采用高压风清理；变流模块内部无积灰，若有积灰采用吸尘器清理；线缆无老化和破损，端子、连接器、护线套无生锈和破损；控制插头、插座无缩针；连接电缆紧固螺栓无松动，母排无变形；电容无漏液、鼓包现象，若存在鼓包、漏液现象则更换模块；脉冲分配盒光纤及连接线无松动；绝缘栅双极型晶体管（Insulate-Gate Bipolar Transistor，以下简称"IGBT"）元件无裂纹或烧损现象。

4 牵引箱体盖板锁闭良好；盖板锁锁芯安装螺母紧固，安装位置正确，锁舌无变形；转动锁芯，确认锁舌跟随转动良好。

5 清洁牵引箱体盖板，对衬垫进行润滑。

6 固定电缆密封套及底座，保证无裂纹、无松动或缝隙。

7 清洁箱体上各种标志、标签；标志、标签字迹清晰无损坏。

8 对牵引箱的内部进行清洁，确保无明显灰尘及杂物；对侧边散热模块进行清洁，确保无明显灰尘及杂物。

9 散热风扇护罩紧固螺栓防松线清晰无错位，进风口无异物堵塞；风扇叶片无裂纹，转动灵活，并清洁。

10 电流/电压传感器紧固螺栓无松动、无断裂；电缆与接线端子无接触不良、无松动。

11 控制单元插件上下紧固螺钉无松动、无生锈、无脱落；上连接器螺钉无脱落、无松动；安装螺栓无松动、无生锈、无脱落。

**8.7.2** 电抗器检查内容与标准：

1 电抗器外观无破损、无变形、无裂纹，支撑架无破损、无变形、无裂纹，安装螺栓防松线清晰无错位。

2 线圈表面及出线端无污垢、铁屑、杂物，若有则予以清洁。

3 线圈表面无绝缘破损，线圈表面漆膜均匀，无绝缘层外翻翘起现象，线圈间绝缘垫块无松动。

4 电抗器接线盒螺栓防松线清晰无错位，外观无变形、无损伤，电缆无异常扭曲、无放电烧黑痕迹。

5 对电抗器进行除尘，确保无明显灰尘及杂物。

6 清洁警告标志；标志、标签字迹清晰无损坏。

**8.7.3** 高压电器箱检查内容与标准：

1 高压电器柜外观无变形、无裂纹，箱体无较大油漆破损面积。

2 高压电器柜安装螺栓防松线清晰无错位，各电气连接插连接紧固。

3 电器柜盖板锁闭良好。

4 电器柜锁芯安装螺母紧固，安装位置正确，锁舌无变形；转动盖板锁锁芯，确认锁舌跟随转动良好。

5 对高压电器柜盖板衬垫润滑，清洁安装盖板的衬垫。

6 固定电缆密封套及底座，清洁警告标志；标志、标签字迹清晰无损坏。

7 清洁箱体上各种标志、标签，要求字迹清晰无损坏。

8 充放电电阻组件紧固螺栓无松动、无断裂，表面无变色，电缆与接线端子无接触不良、无松动。

9 继电器组件紧固螺栓无松动、无断裂；电缆与接线端子无接触不良、无松动。

10 电流/电压传感器紧固螺栓无松动、无断裂；电缆与接线端子无接触不良、无松动。

11 电缆绝缘、电缆固定、铜排、连接插座安装紧固，接触良好，电缆线无破裂或磨损，不得从任何连接器或接触处突出。

12 接触器紧固螺栓无松动、无断裂，电缆或母排与接线端子无接触不良、无松动；灭弧罩应无机械损坏或金属粉尘，否则更换或清除；对主触点进行清洁，并确认主触点上没有金属或非金属残留物；确认铁芯可以自由朝上示方向移动，且线圈没有放电击穿的迹象。

13 高速断路器组装垫片紧固螺栓无松动，电缆或母排与接线端子无接触不良、松动，接地线无松动，外罩无裂损、无变形。

14 清洁高速断路器灭弧罩，引弧栅无覆盖污垢或杂质；检查引弧条的状态，当其截面积减小到部件原始截面积的一半时，对其进行更换。

15 触头无严重烧损，如有必要则打磨触头。

**8.7.4** 高压分线箱检查内容与标准：

1 高压分线箱支撑架外观无变形、无裂纹，箱体无较大油漆破损面积。
2 车间电源箱外观无变形、无裂纹，箱体无较大油漆破损面积。
3 高压分线箱安装螺栓防松线清晰无错位，各电气连接插连接紧固。
4 高压分线箱盖板锁闭良好。
5 高压分线箱盖板锁锁芯状态良好。
6 清洁润滑高压分线箱盖板衬垫，再用橡胶保护剂润滑衬垫。
7 固定电缆密封套及底座无裂纹、无松动或缝隙。
8 箱体上各种标志、标签字迹清晰无损坏。
9 对高压箱的内部进行清洁，确保无明显灰尘及杂物。
10 电缆绝缘、电缆固定、铜排、连接插座安装紧固、接触良好，电缆线无破裂或磨损，不得从任何连接器或接触处突出。
11 避雷器安装螺栓防松线清晰无错位，各电气插头连接紧固。无灼烧、无拉弧痕迹。

**8.7.5** 110V 和 330V 蓄电池箱检查内容与标准：

1 箱体外观良好，铭牌无丢失，箱体无较大油漆破损面积。
2 悬挂螺栓紧固到位，防松线清晰无错位。
3 各电气连接线外观良好，连接紧固。
4 清洁箱体上各种标志、标签，要求字迹清晰无损坏、无缺失。
5 下载蓄电池在线监测仪数据，单体电压不小于规定值。
6 电池组的容量试验应每 3 年进行一次。

**8.7.6** 悬浮电源箱检查内容与标准：

1 箱体外观无变形、无裂纹，箱体无较大油漆破损面积；安装螺栓防松线清晰无错位。

2 外部各电气连接插连接紧固。

3 各元件外观良好，安装牢固，防松标记清晰无错位。

4 散热风扇护罩紧固螺栓防松线清晰无错位，进风口无异物堵塞；风扇叶片无裂纹，转动灵活，并清洁。

5 充电、短接接触器紧固螺栓无松动、无断裂；电缆或母排与接线端子无接触不良、无松动；灭弧罩无机械损坏或金属粉尘，否则更换或清除；清洁主充电、短接接触器触点，并确认主触点上没有金属或非金属残留物；确认充电、短接接触器铁芯可以自由朝上示方向移动，且线圈没有放电击穿的迹象。

6 充放电电阻组件紧固螺栓无松动、无断裂；电缆与接线端子无接触不良、无松动，需要拧紧；组件表面如出现变色严重、断裂，需要更换。

7 继电器组件紧固螺栓无松动、无断裂；电缆与接线端子无接触不良、无松动。

8 电流/电压传感器紧固螺栓无松动、无断裂；电缆与接线端子无接触不良、无松动。

9 滤波电容紧固螺栓无松动、无断裂；电缆与接线端子无接触不良、无松动；滤波电容外形未出现漏液、鼓胀。

10 清洁方孔锁盖板的衬垫，用橡胶保护剂润滑衬垫；方孔锁紧固件紧固，防松标记清晰无错位，方孔锁锁闭到位。

11 清洁箱体上各种标志、标签，要求字迹清晰无损坏、无缺失。

**8.7.7** DC330V 分线箱检查内容与标准：

1 箱体外观良好，铭牌无丢失，箱体无较大油漆破损面积。
2 箱体悬挂螺栓紧固到位，防松线清晰无错位。
3 各电气连接线外观良好，连接紧固。接地线无断股，连接牢固。

**8.7.8** 辅助逆变器检查内容与标准：

1 箱体外观无变形、无裂纹，箱体无较大油漆破损面积，安装螺栓防松线清晰无错位；箱体安装螺栓防松线清晰无错位；箱体前盖板及插头的密封条放置正确无损坏。接地线无松动、无断裂；箱体焊缝无裂纹。

2 外部各电气连接插连接紧固。

3 充电、短接接触器紧固螺栓无松动、无断裂；电缆或母排与接线端子无接触不良、无松动；灭弧罩应无机械损坏或金属粉尘，否则更换或清除；清洁充电、短接接触器主触点，并确认主触点上没有金属或非金属残留物；确认充电、短接接触器铁芯可以自由朝上示方向移动，且线圈没有放电击穿的迹象。

4 充放电电阻组件紧固螺栓无松动、无断裂；电缆与接线端子无接触不良、无松动；组件表面未出现变色严重、无断裂。

5 继电器组件紧固螺栓无松动、无断裂；电缆与接线端子无接触不良、无松动。

6 电流/电压传感器紧固螺栓无松动、无断裂；电缆与接线端子无接触不良、无松动。

7 滤波电容紧固螺栓无松动、无断裂；电缆与接线端子无接触不良、无松动；滤波电容外形未出现漏液、鼓胀。

8 逆变模块紧固螺栓无松动、无断裂；电缆与接线端子无接触不良、无松动；模块上的电容、电阻等器件无漏油、烧损等迹象；IGBT无烧损现象。

9 控制单元外观无破损，接线无松动，线缆无毛刺，安装牢固；各插头连接牢固。

10 电抗器、变压器接线端子无积灰现象，如果有请用压缩空气清洁；检查线圈有无破裂、老化、变黑。

11 整流模块接线端子无积灰现象，如果有请用压缩空气清洁；整流二极管无破裂、老化、变色等现象。

12 检查三相变流模块接线端子有无积灰现象，如果有请用压缩空气清洁；电容无鼓包、漏液、开裂等现象；IGBT无破裂、变色等现象。

13 散热风扇护罩紧固螺栓防松线清晰无错位，进风口无异物堵塞；风扇叶片无裂纹，转动灵活；对散热风扇风扇叶片进行清洁。

14 清洁方孔盖板的衬垫，用橡胶保护剂润滑衬垫；方孔锁紧固件紧固，防松标记清晰无错位，方孔锁锁闭到位。

15 清洁箱体上各种标志、标签，要求字迹清晰无损坏、无缺失。

## 8.8 车钩缓冲系统

**8.8.1** 车钩缓冲装置、车钩安装座及安装板、对中装置、高度调节装置、套管装置、各接地线、电钩驱动装置、解钩气缸、电气钩头、电气连接箱等外观无变形、无裂纹，紧固螺栓无松动、无断裂。车钩外观无破损，各部件安装位置正确，无缺失，各紧固件防松线清晰无错位，各风管连接牢固。

**8.8.2** 自动车钩机械钩头的钩锁间隙小于额定值。

**8.8.3** 二位五通阀及其保护罩检查内容与标准：
1 二位五通阀连接牢固，无泄漏，阀门位置正常。
2 保护罩外观良好，紧固件防松线清晰无错位。

**8.8.4** 各风管软管无泄漏，软管外层无脆裂、无鼓包、无断层等变形现象，否则更换。

**8.8.5** 半永久牵引杆联挂到位。

**8.8.6** 解钩盒外观良好，紧固螺栓清晰无错位。

8.8.7 车钩跨接电缆无干涉，波纹管无破损，插头及其安装架紧固件防松线清晰无错位。

8.8.8 清洁电气钩头操作装置导向杆表面，要求无明显灰尘。

8.8.9 自动车钩钩头拉力弹簧无折损。

8.8.10 车钩杆各压溃管无裂纹、无变形，手动检查不能转动。

8.8.11 润滑自动车钩电子钩头操作装置转动点，要求各转动点动作灵活。

8.8.12 清洁对中装置，并进行外观检查，要求无明显灰尘。

8.8.13 清洁自动车钩风管连接管口套管及垫圈，要求无明显灰尘。

8.8.14 清洁自动车钩电子钩头触头、橡胶框、保护盖的内外面，并检查外观状态，要求无明显灰尘、外观无损伤。

8.8.15 按压自动电子钩头触点，要求各触点无卡滞。

8.8.16 检查车钩套管油脂状态，要求上下螺栓与套管孔之间的空腔涂满润滑脂。

8.8.17 更换车钩套管中间空腔油脂。清除空腔中的旧油脂，检查紧固件状态并增补新油。

8.8.18 润滑自动车钩钩头钩锁各部件和中心枢轴支承套，要求润滑均匀。

8.8.19 自动车钩钩头面、外锥体和内锥体的防腐层无脱落，用防腐漆进行修复，要求钩头表面脱漆后生锈要除锈后刷油漆且油漆不能过厚影响联挂。

8.8.20 清洁所有车钩牵引杆表面、机械钩头及车钩缓冲装置所有部件，要求无明显灰尘。

8.8.21 左右转动车钩，能自动复位。

8.8.22 清理自动车钩机械钩头下部排水孔，要求无堵塞。

8.8.23 支撑弹簧外观无损伤、无断裂，紧固件防松线清晰无错位。

8.8.24 电子钩头操作装置弹簧无折损、无断裂。

8.8.25 所有车钩接地线无干涉、绝缘层无破损，绑扎牢固。

8.8.26 对车钩进行高度、倾斜度检测。使用水平仪检查车钩轴向水平度，气泡处于上下刻度之间则不需要进行调整，否则调节支撑弹簧。

## 8.9 制动与供风系统

8.9.1 制动单元清洁，各部件无明显污渍。

8.9.2 基础制动单元与安装连接部位及管路防松线清晰无错位，管接头无漏气。

8.9.3 制动单元检查内容与标准：
1 制动单元表面无裂损，紧固螺栓防松线清晰无错位。
2 安装牢固，无断裂，卡环无丢失，安装销无松脱。
3 防尘罩、减重橡胶无破损。

8.9.4 闸片裂纹长度若贯通整个摩擦接触面，应立即进行更换。

8.9.5 闸片厚度未达到限度标记，达到限度标记则更换。

8.9.6 开口销无丢失。

8.9.7 制动单元无缓解不良，否则进行调整。

8.9.8 制动系统支座各紧固件防松线清晰无错位。

8.9.9 液压管路、蓄能器无泄漏。

8.9.10 制动模块各紧固件防松线清晰无错位，模块无松动，各接线无干涉。

8.9.11 供风单元各部件安装牢固，各紧固件及管路接头防松线清晰无错位，截断塞门手柄处于与管路平行位置。

**8.9.12** 更换空气过滤器滤芯。

**8.9.13** 清洁供风单元各部件表面的积尘，确保无明显灰尘及杂物。

**8.9.14** 空压机冷却风扇转动灵活，表面无裂纹、无脆化，否则更换。

**8.9.15** 供风软管、液压软管外观及紧固状态检查内容与标准：
1 软管外层无脆裂、无鼓包、无断层等变形现象，否则更换。
2 风管接头紧固防松线清晰无错位、无漏气。

**8.9.16** 空压机电连接器外壳及支座无裂纹，紧固件防松线清晰无错位。

**8.9.17** 对压力开关动作设定值进行校准。

**8.9.18** 更换安全阀，然后送检。

**8.9.19** 各外部阀门处于工作位置，无漏气；接头连接牢固，无漏气，防松线清晰无错位。

**8.9.20** 各风缸固定状态检查内容与标准：
1 不锈钢箍带无裂损。
2 箍带连接螺栓无腐蚀、无裂损。
3 箍带与风缸间减振胶条安装位置正确，无破损、无缺失。

**8.9.21** 打开主风缸、悬挂风缸、支撑轮风缸下部的排水塞门至全开位，排光其内部积水、沉积等。

## 8.10 列车有电功能检查

**8.10.1** 蓄电池电压、DC330V 网压表、主电路网压三者网压正常。

**8.10.2** HMI 屏检查内容与标准：
1 屏幕显示清晰，无花屏、卡屏、黑屏。
2 触击主画面功能按钮"事件信息""设置""维护""网络拓扑"及各个子系统触摸灵敏，相应的图标显示正确。
3 查看 HMI 司机驾驶界面、事件信息屏的显示图标正常。检查列车诊断系统的诊断信息，对有故障的子系统做进一步的检查、转储、分析和处理；对影响车辆悬浮、牵引、制动功能的故障进行分析。

**8.10.3** 司机台功能检查内容与标准：
1 在记录表中记录列车走行公里数。
2 按下电笛按钮，要求电笛能够正常鸣响。
3 刮雨器慢速、快速、间歇功能正常，喷水正常。
4 主控手柄在牵引、制动、快制不同位置下，HMI 主界面显示的牵引/制动参考值及柱状图与手柄位置相符。
5 灯测试正常。

**8.10.4** 照明系统检查内容与标准：
1 方向手柄置"零""前""后"位，本端红色运行灯、尾灯亮起。
2 将头灯旋钮开关分别置"近光""远光"位，对应近光灯、远光灯分别亮起。
3 各灯罩无丢失、无裂纹，安装牢固。
4 对灯罩除尘，用干棉布清洁灯罩表面。
5 将客室照明开关依次打至合位、分位，检查各车紧急照明及正常照明。柜门打开时方便灯亮，关闭时灯灭。
6 司机室照明开关依次打至合位、分位，检查司机室照明情况；检查司机室速度表灯、双针压力表指示灯照明情况。
7 在有电情况下，检查客室各个电源模块指示灯应亮。
8 屏柜照明功能正常。

**8.10.5** 车门系统检查内容与标准：
1 按压左右侧开关门按钮，开、关门顺畅，观察开关门速度应基本同步，无异常声音，车门状态与 HMI 图标显示一致，开关门过程中下挡销与门槛无碰撞。
2 开门时黄色指示灯亮。
3 关门时黄色指示灯闪烁，且扬声器发出警告音，门关好后持续响声不超过 2s。
4 用防夹块放在两个门页之间，测试门页间上、中、下 3 处防夹功能，车门碰到防夹块时将会自动开门，在预设的时间标准内再关门，如此循环重复 3 次后，车门将完全打开，橙色指示灯常亮。HMI 观察已经触发防夹功能的车门显示图标为防夹图标。
5 车门在关闭和锁定状态，拉下紧急解锁手柄，检查车门能否手动正常打开。
6 车门切除功能正常。
7 操作车外电钥匙开关，可以正常开关门。
8 操作紧急开门电钥匙开关，可以正常开关门。

**8.10.6** 高速断路器闭合后指示灯亮，HMI 图标显示绿色；断开后相应按钮指示灯亮，HMI 图标显示灰色。

**8.10.7** 悬浮系统检查内容与标准：

1  按压浮起按钮各悬浮架浮起，本身指示灯亮，悬浮电流、悬浮间隙及温度都在正常范围内，在悬浮详细界面能看到相应的间隙数据；按压降落按钮各悬浮架降落。

2  按压支撑轮升起按钮其本身指示灯亮，按压支撑轮收起按钮其本身指示灯亮，在悬浮详细界面能看到相应的间隙数据。

**8.10.8** 乘客信息系统检查内容与标准：

1  任何一个司机室都能发起司机对讲，对讲时司机室扬声器声音应清晰无噪声。司机对讲、乘客对讲、监听音量及人工广播功能正常。

2  当有乘客对讲需求时，HMI 逻辑显示正确，监听音量应能在范围内任意调节。

3  进行人工广播时，客室各个扬声器均能清晰地听到广播内容，声音大小合适。

4  分别激活两端司机台，分别测试每个紧急通话按钮，功能正常，且能与司机室正常语音通话。

5  能任意选择两个站进行线路设置，目的地显示屏和客室动态地图无黑屏、花屏现象，显示内容与设置线路一致。

6  数字化报站及动态地图显示正常。

7  LCD 显示屏功能正常，无花屏、卡屏现象。

8  客室和司机室监控状态能在视频监控屏上进行正常显示，切换流畅，能轮巡监控。

9  在视频监控触摸屏上开启 LCD 屏，LCD 能进行正常播放，播放模式能进行正常切换且播放正常。

10  启动乘客紧急报警，查看是否启动紧急联动功能。

11  检查硬盘录像机内硬盘是否存在坏道或碎片文件，录像是否能正常存储。

12  检查烟感、温感功能。使用烟雾发生器测试每节车烟感、温感混合探测器：触发后司机室听到报警声，HMI 上显示位置正确，并弹出复位窗口。在司机室闭路电视监控系统（Closed-Circuit Television，以下简称"CCTV"）监控屏上确认相应车厢摄像头图标显示红色。

13  清理列车管理系统事件记录仪存储卡，将存储卡数据剪切移出并保存。

**8.10.9** 空调系统检查内容与标准：

1  司机室通风单元风速选择开关、模式选择开关、温度旋钮功能正常，风量输送正常。

2  足部取暖功能正常，无烧焦异味。

3  空气净化器指示灯显示正常。

4  按下空调开及 Mc 车空调启动相应按钮，HMI 空调图标应显示为对应状态。

5  按下空调关按钮，空调应能停止工作。

6  各客室送风口有新风送出，紧急通风功能正常。

7 各客室送风口有新风送出，通风制冷功能正常。

**8.10.10** 供风系统检查内容与标准：
1 空压机运转过程中无异常声音及振动。
2 检查排水管是否堵塞。
3 观察司机室双针压力表，用肥皂水检查各管路接头气密性。

**8.10.11** 制动系统检查内容与标准：
1 各极位对应的压力值符合要求。
2 拍下紧急制动按钮，列车产生紧急制动；拍下非常制动按钮，列车产生紧急制动且悬浮架落下。
3 缓解紧急制动，确认自检通过，记录自检时间。

**8.10.12** 辅助、牵引、悬浮电源、空压机风机运行正常，无异响。

**8.10.13** 数据下载功能正常。

**8.10.14** 动车调试情况下车辆状态无异常。

**条文说明**

车辆的定修工作后，对车辆的整体状态和各个部件要进行调试和试验，以确定车辆各个部件进行维修和调整后处于良好状态。